한·중 문말서법 대조 연구

한·중 문말서법 대조 연구

오옥교 吳玉嬌

역락

머리말

이 책은 한국어와 중국어의 문말서법을 대조 연구하는 것이 목적이다. 문말서법은 한국어에서 문장종결법이라고 부르기도 하고 중국어에서 구말어기라고 부른다. 한국어의 습관에 따라 이 책에서 중국어 구말어기를 문말어기라고 부르기로 한다. 한국어와 중국어에서 모두 문말서법을 수행하는 체계화된 문법 형식이 존재한다. 한국어의 경우 문장종결형이 그것이고 중국어의 경우 문말 어기조사가 그것이다. 연구를 시작하기 전에, 이 책은 한·중 문법서법을 한·중 문말서법(1)과 한·중 문말서법(2)로 나누어 서로의 대응 체계를 규정하기로 한다. 한·중 문말서법(1)은 화자가 명제 내용을 [+상태]의 정보로 인식하는 경우를 말하고 한·중 문말서법(2)는 화자가 명제 내용을 [+행동]의 정보로 인식하는 경우를 말한다.

그다음으로 한·중 문말서법의 형태·통사적 대조를 진행한다. 형태적 대조에서 한·중 문말서법의 실현요소 한국어 문장종결형과 중국어 문말 어기조사의 형태적 특성을 살펴본다. 구체적으로 말하자면, 문말서법을 수행할 때 한국어 문장종결형과 중국어 문말 어기조사가 받게 되는 형태적 제약, 한국어 문장종결형과 중국어 문말 어기조사의 형태적 분류 그리고 형태적 교체를 대조한다. 통사적 대조에서 한·중 문말서법의 통사적 특성을 살펴본다. 다시 말해, 한국어 문장종결형과 중국어 문말 어기조사는 문말서법을 수행할 때 통사적으로 받게 되는 제약을 서술하고 그들의 통사적 기능과 통사 구조상의 위상을 밝혀낸다.

그리고 한·중 문말서법은 화용양태와 상호작용하는 관계를 규정하고 한·중 문말서법(1)과 한·중 문말서법(2) 각각의 화용양태와 실현요소의 특성을 대조해 본다. 한·중 문말서법(1)에는 설명법·진술어기, 감탄법·감탄어기, 의문법·의문어기가 있고 한·중 문말서법(2)에는 약속법·진술어기, 허락법·진술어기, 경계법·진술어기, 명령법·기사어기 그리고 공동법·기사어기가 있다. 이 부분에서 한·중 문말서법이 실현하는 화용양태를 설명하고 실현요소인 한국어 문장종결형과 중국어 문말 어기조사의 대응 양상을 대조해 본다.

한마디로, 이 책은 한·중 문말서법의 대응 체계를 규정하여 이를 바탕으로 한·중 문말서법과 화용양태가 상호작용하면서 실현요소 한국어 문장종결형과 중국어 문말 어기조사의 대응 양상을 살펴보고 한국어 문장종결형과 중국어 문말 어기조사가 가지는 개별적인 화용양태를 검토해 본다. 이러한 대조 연구가 한국어를 깊이 이해하는 데 도움이 되리라 생각한다. 물론 이 책에서 수행된 필자의 연구는 끝이 아니다. 필자도 부족함을 깊이 느끼며 앞으로 한·중 문말서법에 대해서 끊임없이 접근할 계획이다.

2020년 2월에 나는 이 연구로 박사학위를 받았고 지금까지 벌써 3년이 넘었다. 이제 박사 논문을 출간하여 앞으로의 학문적 세계를 여는 새로운 출발점이 되기를 기대한다. 여기서 특별히 나의 박사 논문 지도교수, 큰 가르침과 따뜻한 관심을 베풀어 주신 전북대학교 국어국문학과 윤석민 교수님께 감사드린다. 그리고 전북대학교 국어국문학과의 모든 은사님께 감사의 말씀을 전하고 나의 박사 논문을 심사해 주시고 조언해 주신 모든 심사위원님께 감사의 말씀을 전한다. 마지막으로, 이 책을 흔쾌히 출판해 주신 역락출판사 이대현 사장님께 감사드리며, 뜻있는 사업이 날로 번창하기를 바란다. 그리고 이 책을 예쁘게 만들어 주신 역락 출판사 이태곤 편집이사님, 임애정 대리님 그리고 이경진 대리님께도 꼭 감사의 말씀을 드린다.

2023년 4월 25일
북경외국어대학교 도서관에서
오옥교

차례

머리말 ▪ 5

제1장 ───── 들어가기

1.1. 한·중 문말서법 연구의 목적   13
1.2. 대상 및 방법   19
1.3. 선행 연구   23
1.4. 논의 구성   37

제2장 ───── 이론적 배경

2.1. 한·중 문말서법의 개념과 체계   40
  2.1.1. 한·중 문말서법의 개념   41
  2.1.2. 한·중 문말서법의 체계   44

2.2. 문말서법과 양태 및 화용양태   55
  2.2.1. 문말서법과 양태   55
  2.2.2. 문말서법과 화용양태   60

2.3. 한·중 문말서법의 활용 조건   67
  2.3.1. 형태·통사적 조건   67
  2.3.2. 담화적 조건   71
  2.3.3. 억양 조건   74

제3장 ——— 한·중 문말서법의 형태·통사적 대조

3.1. 한·중 문말서법의 형태적 대조   77

    3.1.1. 형태적 제약   78

    3.1.2. 형태적 분류   84

    3.1.3. 형태적 교체   89

3.2. 한·중 문말서법의 통사적 대조   93

    3.2.1. 통사적 제약   94

    3.2.2. 통사적 기능   100

    3.2.3. 통사 구조상의 위상   109

제4장 ——— 한·중 문말서법(1)의 의미·화용적 대조

4.1. 한·중 문말서법(1)의 의미 및 특성   118

4.2. 설명법과 진술어기   120

    4.2.1. 설명법·진술어기의 의미   120

    4.2.2. 설명법·진술어기와 화용양태의 상호작용   125

    4.2.3. 설명법·진술어기의 화용양태   126

    4.2.4. 소결   139

4.3. 감탄법과 감탄어기   140

    4.3.1. 감탄법·감탄어기의 의미   140

    4.3.2. 감탄법·감탄어기와 화용양태의 상호작용   146

    4.3.3. 감탄법·감탄어기의 화용양태   149

    4.3.4. 소결   161

4.4. 의문법과 의문어기 162

    4.4.1. 의문법·의문어기의 의미 163

    4.4.2. 의문법·의문어기와 화용양태의 상호작용 166

    4.4.3. 의문법·의문어기의 화용양태 168

    4.4.4. 소결 182

제5장 —— 한·중 문말서법(2)의 의미·화용적 대조

5.1. 한·중 문말서법(2)의 의미 및 특성 185

5.2. 약속법과 진술어기 188

    5.2.1. 약속법·진술어기의 의미 188

    5.2.2. 약속법·진술어기와 화용양태의 상호작용 190

    5.2.3. 약속법·진술어기의 화용양태 192

    5.2.4. 소결 195

5.3. 허락법과 진술어기 196

    5.3.1. 허락법·진술어기의 의미 196

    5.3.2. 허락법·진술어기와 화용양태의 상호작용 200

    5.3.3. 허락법·진술어기의 화용양태: [허락] 201

    5.3.4. 소결 202

5.4. 경계법과 진술어기 203

    5.4.1. 경계법·진술어기의 의미 204

    5.4.2. 경계법·진술어기와 화용양태의 상호작용 207

    5.4.3. 경계법·진술어기의 화용양태 208

    5.4.4. 소결 212

5.5. 명령법과 기사어기   213

    5.5.1. 명령법·기사어기의 의미   213

    5.5.2. 명령법·기사어기와 화용양태의 상호작용   217

    5.5.3. 명령법·기사어기의 화용양태   219

    5.5.4. 소결   227

5.6. 공동법과 기사어기   228

    5.6.1. 공동법·기사어기의 의미   228

    5.6.2. 공동법·기사어기와 화용양태의 상호작용   231

    5.6.3. 공동법·기사어기의 화용양태   232

    5.6.4. 소결   239

제6장 ──── 나오기

6.1. 한·중 문말서법의 형태·통사적 대조 특성   241

6.2. 한·중 문말서법의 화용양태와 실현요소 대조 특성   242

6.3. 남은 문제   245

참고문헌 ▪ 248

제1장

들어가기

1.1. 한·중 문말서법 연구의 목적

대부분의 언어에는 양태(樣態, modality)를 실현하는 문법범주(文法範疇, grammatical category)가 있다. 다만 이를 실현하는 방법이 언어마다 다를 뿐이다. 대표적으로 통사적 방법으로 수행되는 양상체계(樣相體系, modal system)와 형태적 방법으로 수행되는 서법(敍法, mood)[1] 두 가지 방법이 있다. 그리고 한 언어에서 두 가지 방법이 동시에 나타나는 경우도 있다.[2] 한국어는 주로 서법을 활용하여 양태를 실현하는 언어에 해당되며 중국어는 양상 체계와 서법, 즉 어기(語氣, mood)[3] 두 가지 문법범주를 모두

---

1 여기서 말하는 서법(mood)은 특정 문법 요소가 동사에 기대 실현되는 양태의 문법범주를 가리킨다. 즉 넓은 의미의 서법 개념이다. 일반적으로 중국어에서 이를 어기(語氣)라고 부른다.

2 두 가지 방법이 모두 실현되는 언어로 독일어나 북부 캘리포니아의 중앙포모어의 경우가 있다. Palmer, F. R, Mood and Modality (2ed edition), Cambridge University Press, 2001, p.4.

활용하여 양태를 실현하는 언어라고 말할 수 있다.[4]

이 책에서 주목하고자 하는 것은 한·중 두 언어에서 문장의 마지막에 위치하는 서법, 즉 문말서법(文末 敍法, sentence-final mood)이다. 일반적으로 한국어에서 이를 문장종결법(文章終結法)이라고 하고 중국어에서 이를 문말어기라고 한다.[5] 뿐만 아니라 한·중 두 언어에서 모두 이들 문법범주를 수행하는 체계화된 문법 형식이 존재하는데 문장종결형(文章終結型, sentence-final endings)과 문말 어기조사(語氣助詞, sentence-final particles)가 그 것이다.[6]

우선 형태적 관점에서 보면 한국어 어말어미와 중국어 어기조사가 체계적으로 대응이 성립된다. 한국어 어말어미와 중국어 어기조사가 각각의 언어에서 일정한 체계를 이루고 있고 의미·기능의 측면에서 서로 대응이 가능하다는 말이다. 그러나 한국어와 중국어는 언어유형에서 차이가 난다. 한국어는 교착어(膠着語, agglutinating language)에 해당되는 데에 비해 중국어는 고립어(孤立語, isolating language)에 해당된다. 때문에 한국어 어말어미와 중국어 어기조사가 형태론적 관점에서 많이 다르기도 하

---

3 한국어에서 어기라고 하면 보통 형태론에서 단어형성의 근간을 이루는 부분 또는 요소, 즉 語基로 생각된다. 한국어 어기(語基)와 달리 중국어에서 어기는 한국어의 서법과 동일한 범주로 語氣를 말한다.

4 이때 서법과 어기는 모두 넓은 의미의 개념으로 사용된다. 한국어와 중국어에서 서법이나 어기의 의미와 실현에 대하여는 제2장 이론적 배경 부분에서 자세하게 논의될 것이다.

5 넓은 의미의 어기와 구분하기 위하여 이 글에서 문장 끝에 실현되는 중국어 어기를 문말어기라고 부르기로 한다. 이른바 문말어기는 중국어에서 구말어기(句末語氣)라고 말한다. 중국어 구(句)는 한국어의 문장에 해당된다.

6 한국어 문장종결형은 바라보는 관점이 다르면 다르게 부를 수 있다. 형태론적 관점에서 어말어미라고 부르고 통사론적 관점에서 문말어미라고 부른다. 어말어미라고 하는 것은 그가 단어에 결합하여 사용되기 때문이고 문말어미라고 하는 것은 그가 문장에 결합하여 사용되기 때문이다. 이에 비해 중국어 문말 어기조사는 어기, 즉 서법을 나타내는 조사로 단어보다 문장, 나아가 담화와 관련된다고 말할 수 있다.

다. 예를 들어 한국어 어말어미는 용언에 결합하여 용언의 활용을 이루는 것과 달리 중국어 어기조사는 이러한 품사의 직접적 제약을 받지 않아 비교적 자유롭게 분포한다.[7] 그리고 한국어 어말어미와 중국어 어기조사는 음운적이나 형태적 변이형태를 갖는 경우가 있는데 변이하는 방법이 또한 다르다.[8]

한편 통사적으로 한국어 문말어미와 중국어 문말 어기조사는 모두 문장의 마지막 위치에 있어 그것으로 수행하는 문말서법에 따라 일정한 통사적 제약을 받는다.[9] 그리고 문장을 완결해 주면서 문장의 유형을 결정하는 여러 가지 통사적 기능을 수행한다.[10] 그러나 한국어와 중국어의 문장 구조가 다르고 문말어미와 문말 어기조사가 가진 의미나 기능이 다른 면이 있다. 나아가 그것을 수행하는 구조적 위상도 다른 면이 보인다.[11]

위처럼 형태 또는 통사의 관점에서 한·중 문말서법의 문법 형식을 대조하는 것은 두 언어를 인식하고 이해하는 데에 필요한 일이다. 그러나 형태 중심과 통사 중심의 접근만으로는 한·중 문말서법의 문법 형식의 대응 관계, 서로의 공통점과 차이점을 효과적으로 규명하는 데에 한계가 있다. 먼저 형태 중심의 접근 방법으로는 한 언어를 검토하는 것에도 어

---

7 한국어 어말어미와 중국어 어기조사는 그것으로 수행하는 문말서법에 따라 형태적 제약을 받는 특성이 유사하기도 하다. 구체적인 내용은 3.1.1. 부분에서 논의될 것이다.

8 한국어 어말어미와 중국어 어기조사의 형태적 대조는 3.1. 부분을 참고하기를 바란다.

9 한국어 문말어미와 중국어 문말 어기조사가 그것으로 수행하는 문말서법에 따라 나타나는 통사적 제약에 대하여 3.2.1. 부분을 참고하기를 바란다.

10 한국어 문말어기와 중국어 문말 어기조사가 통사적으로 수행하는 기능의 공통점과 차이점에 대하여 3.2.2.에서 구체적으로 논의될 것이다.

11 한국어 문말어미와 중국어 문말 어기조사의 통사적 대조에 대하여 3.2.를 참고하기를 바란다.

려움이 많은데 한·중 두 언어를 대조하는 경우라면 더욱 복잡하다. 문법 형식과 의미나 기능이 복잡한 다대다(多對多)의 대응 관계를 이루고 있기 때문이다. 그리고 통사 중심의 접근 방법으로 검토할 때도 한국어 문말 어미와 중국어 문말 어기조사가 단순히 문장과 문장을 경계짓는 기능만 수행하는 장치가 아니다.[12] 예문을 들어 보자.

(1) ㄱ. 철수가 어제 집에 {들어갔어?/들어갔나?/들어갔니?}(의문법)
    ㄴ. 哲秀昨天{回家了Ø？/回家了吗？/回家了啊？}(의문어기)

(2) ㄱ. 약을 빨리 먹어라.(명령법)   ㄱ'. 快吃药啊。(명령어기)
    ㄴ. 아이고, 더워라.(감탄법)   ㄴ'. 啊, 热啊。(감탄어기)

(3) ㄱ. 철수는 가(＼)(설명법)   ㄱ'. 哲秀走Ø(＼)(진술어기)
    ㄴ. 철수는 가(／)(의문법)   ㄴ'. 哲秀走Ø(／)(의문어기)
    ㄷ. 철수는 가(↓)(명령법)   ㄷ'. 哲秀走Ø(↓)(기사어기)[13]
              ⋮

(1ㄱ)은 한국어 의문법을 수행하는 문장종결형이 '-어, -나, -니'로, (1ㄴ)은 중국어 의문어기를 수행하는 문말 어기조사가 'Ø, 吗, 啊'로 다양하게 실현되는 것을 보여준다.[14] 물론 두 언어에서 의문법 또는 의문어

---

12 고영근(1993)에서는 '국어의 종결어미는 문장과 그것이 포함된 더 큰 단위인 텍스트를 경계짓는 통사적 장치'라고 언급한 적이 있었다. 고영근, 『우리말의 총체서술과 문법체계』, 일지사, 1993, 44면. 중국어 문말 어기조사도 마찬가지다.

13 중국어에서 기사어기(祈使語氣)는 한국어의 명령법과 공동법을 모두 포함하는 문말어기 개념이다. 한편 기사(祈使)라는 말은 중국어의 문장유형을 말할 때도 사용한다. 중국어에서 기사구(祈使句)라고 하면 한국어의 명령문과 공동문을 모두 가리킬 수 있다. 이래호, 「한국어 교재의 한국어 문법 용어에 대한 중국어 번역어 고찰」, 『건지인문학』17, 2016, 175~203면.

14 한국어 의문법과 중국어 의문어기는 두 언어에서 서로 대응되는 문말서법이다. 한·중 문

기를 수행하는 문법요소가 이보다 더 많다. (2ㄱ)와 (2ㄴ)은 형식이 동일한 문장종결형 '-아/어라'가 두 가지 문장종결법을 수행하는 것을 보여주고 (2ㄱ')와 (2ㄴ')는 형식이 동일한 문말 어기조사 '啊'가 두 가지 문말어기를 수행하는 것을 보여준다. 더욱이 (3)을 보면 동일한 문장종결형이나 문말 어기조사가 여러 가지 문장종결법이나 문말어기를 모두 실현하는 경우도 있다.

　그러나 동일한 문말서법을 실현하는 문법요소라고 하더라도 상황이나 맥락에 따라 다른 화용양태(話用樣態, pragmatic modality)를 나타낼 수 있다.[15] 다시 말해 한국어와 중국어에서 동일한 문말서법을 수행할 때 사용되는 문장종결형과 문말 어기조사가 특정의 상황에서 별개의 양태 의미를 가질 수 있다. 다음 예문을 보자.

　　(4) ㄱ. 철수가 어제 집에 들어갔**어**?
　　　　ㄴ. 철수가 어제 집에 들어갔**지**?

　　　　ㄱ'. 哲秀昨天回家了**吗**？
　　　　ㄴ'. 哲秀昨天没回家**吧**？

　(4ㄱ, ㄴ)과 (4ㄱ', ㄴ')는 각각 한국어와 중국어에서 의문법과 의문어기를 실현하는 문장들이다. (4ㄱ)과 (4ㄴ)의 경우 '-어'와 '-지'가 동일하게 의문법을 수행하되 서로 다른 상황에서 사용되어 다른 의문의 의미가 전달된다. 즉 화용양태가 다르다는 것이다. (4ㄱ) '-어'는 화자가 청

　　말서법의 대응 체계에 대하여 2.1.2. 부분을 참고하기를 바란다.
15　화용양태는 문말서법이 맥락 또는 상황에 따라 나타나는 양태 의미를 말한다. 문말서법과 화용양태에 대하여 2.2.2. 부분을 참고하기를 바란다.

자에게 평범하게 질문을 하는 상황에 사용된다면 (4ㄴ) '-지'는 화자가 스스로 추측하면서 청자에게 질문을 하는 상황에 사용된다. (4ㄱ')와 (4ㄴ') 중국어의 경우도 마찬가지다. '吗'와 '吧'가 모두 의문어기를 수행하되 '吗'는 화자가 청자에게 평범하게 질문을 하는 상황에 쓰이고 '吧'는 화자가 추측하는 의도로 청자에게 질문하는 상황에 쓰인다.[16]

위와 같이 한국어 문장종결형과 문장종결법이 형태와 기능의 관계가 다대다이듯이 중국어 문말 어기조사와 문말어기도 형태와 기능의 관계가 다대다이다. 문장종결형과 문말 어기조사, 문장종결법과 문말어기가 각각 한·중 두 언어에서 서로 대응되는 범주이다. 때문에 한국어 문장종결형과 중국어 문말 어기조사, 한국어 문장종결법과 중국어 문말어기도 복잡한 관계를 지닌다.

그리하여 의미·화용적 관점에서 살필 필요가 있다. 의미·화용적 관점에서 보면 한국어 문장종결형과 중국어 문말 어기조사는 각각 한·중 두 언어에서 문장을 이루고 또한 문장을 넘어 더 큰 단위인 담화(談話, convertsation) 혹은 텍스트(text)를 이룬다.[17] 그들이 실현하는 문장종결법과 문말어기는 하나의 문장에서 화자의 명제 자체에 대한 태도가 아니라 청자에 대한 태도를 드러낸다.[18] 나아가 맥락이나 상황에 따라 다양한 화용

---

16 한국어 '-지'와 중국어 '吧'는 모두 추측의 의미가 있지만 서로 다른 면도 있다. '-지'와 '吧'의 비교에 대하여 오옥교(2019)를 참고하기를 바란다. 오옥교, 「한국어 문장종결형 '-지'와 중국어 어기조사 '吧(ba)'에 대한 의미화용적 기능 비교 연구」, 『건지인문학』24, 2019, 247~274면.

17 이때 한국어 문장종결형이나 중국어 문말 어기조사는 담화 혹은 텍스트에서 선행하거나 후행하는 문장들과 유기적으로 관계를 지어 유지시킨다. 담화 또는 텍스트에서 선행하는 문장과 후행하는 문장을 이어주는 문법요소에는 문말에 위치하는 문장종결형이나 문말 어기조사가 있고 문두에 위치하는 접속부사나 연사(連詞)도 있다.

18 엄밀하게 말하자면 화자가 생각하는 화자와 청자의 관계에 대한 태도이다. 한·중 문말서법의 개념에 대하여 2.1.1. 참고.

양태를 나타내기도 한다.

이 책의 목적은 한국어와 중국어에서 문말서법의 대응 체계를 규정하여 이를 바탕으로 한·중 문말서법과 화용양태가 상호작용하면서 문장종결형과 문말 어기조사의 대응 양상을 살펴보고 문장종결형과 문말 어기조사가 가지는 개별적인 화용양태를 검토하는 데에 있다. 이러한 대조연구가 한국어를 깊이 이해하는 데 도움이 되리라 생각한다.

1.2. 대상 및 방법

본 연구는 한국어와 중국어의 문말서법을 대조·연구하는 것을 목적으로 한다. 이를 위해 우선 문말서법을 실현하는 문법요소를 검토한다. 한국어의 문장종결법과 중국어의 문말어기를 수행하는 문법 형식은 각각 문장종결형과 문말 어기조사이다.[19] 그 중에서 이 책에서 다루고자 하는 것은 다음 <표 1>과 같이 제시하고 있다.[20]

---

19 한국어와 중국어에서 각각 많은 양의 문장종결형과 문말 어기조사를 가지고 있다. 특히 한국어에는 더욱 풍부한 문장종결형이 있다. 전형적으로 대우법과 문체법을 표시하는 체계적인 종결어미뿐만 아니라 전성어미나 연결어미도 문말에 사용되어 문장종결형 역할을 수행할 수 있다. 이에 비해 중국어 문말 어기조사 중에도 기본적으로 사용되는 것이 있고 그렇지 않은 것이 있다. 이 책에서 한·중 문말서법을 대조하는 데 한국어 문장종결형 중의 전형적인 종결어미와 중국어 문말 어기조사 중의 기본적인 문말 어기조사를 중심으로 다룬다. 이외에 한국어에서 일부 합성 형식의 문장종결형과 중국어에서 기본적인 문말 어기조사로 합성한 문말 어기조사도 연구 대상으로 삼는다. 한마디로 이 책에서 주요 의미나 기능이 문말서법을 수행하는 한국어 문장종결형과 중국어 문말 어기조사를 연구 대상으로 다루고자 한다.

20 <표 1>에서 기본 형식이란 한국어의 경우 전형적인 종결어미를 말하고 중국어의 경우 6개의 기본 문말 어기조사를 말한다. 黄伯荣·廖序东(2017)에서 중국어의 어기조사가 기본적으로 '的', '了', '啊', '吗', '呢' 그리고 '吧' 6개만 있다고 주장한다. 黄伯荣·廖序东, 『現代汉语』, 北京 : 高等教育出版社, 2017. 한국어 문장종결형과 중국어 어기조사의 기

〈표 1〉 한·중 문말서법의 문법 형식 대조

한국어 문장종결형		중국어 문말어기조사[21]	
기본 형식	수의 형식	기본 형식	수의 형식
-다, -네, -오, -ㅂ니다 -구나, -구먼, -구려, -군, -어라 -냐, -ㄴ가, -ㅂ니까 -마, -ㅁ세 -려무나, -게나, -구려 -ㄹ라, -리 -어라, -게, -ㅂ시오, -라 -자, -세, -ㅂ시다 -어/아(요), -지(요)	-ㄴ걸/ㄹ걸, -노라, -련, -ㄹ래, -ㄹ까, -리다, -ㄹ게, -엇 /앗, -ㄹ 것	的[de] 了₂[le] 啊[a] 吗[ma] 呢[ne] 吧[ba]	啦[la] 呐[ne] 哪2[na]

그리고 이들 문말서법의 실제 용례를 검토하기 위해서 이 책은 우선 한·중 두 언어의 사전과 코퍼스를 바탕으로 하였다.

[용례 검토용 한·중 사전]
•한국어 사전: 『표준국어대사전』
•중국어 사전: ≪现代汉语词典(第7版)≫

[용례 검토용 한·중 코퍼스]
•한국어 코퍼스:
① 국립국어원 한국어 학습자 말뭉치 나눔터
   (https://kcorpus.korean.go.kr/)
② 물결21 코퍼스(https://riks.korea.ac.kr/trends21/)[22]

본 형식만으로도 모든 문말서법을 실현할 수 있다. 그리고 수의 형식이란 합성 형식의 한국어 문장종결형과 중국어 문말 어기조사를 말한다. 수의 형식을 사용하여 화자의 심리적 태도를 좀더 다양하게 나타내 준다.,

21 齐沪扬(2011)에서 중국어 어기조사를 정리하고 제시한 바가 있었다. 이 글에서 연구 대상으로 설정하는 중국어 문말 어기조사는 齐沪扬(2011)에서 추출하였다. 齐沪扬, 『现代汉语语气成分用法词典』, 北京：商务印书馆, 2011.

•중국어 코퍼스:
BCC語料庫(北京語言大學BCC語料庫, http://bcc.blcu.edu.cn/)[23]

위 사전에는 해당 문장종결형과 문말 어기조사의 전형적인 용례들이 기록되어 있고 위 코퍼스에는 실제 담화에서 사용하는 다양한 용례들이 포함되어 있다. 그 밖에 논의에 필요한 경우 다른 학자들의 연구에서 언급된 용례들도 빌려 사용할 것이다. 이들의 논의는 관련 문제에 대하여 그들의 관점을 반영하는 대표적 예들을 사용하고 있기 때문이다. 이미 논의에 활용된 용례를 다시 논의함으로써 본 연구가 그들의 연구와 관련되며 그들의 연구를 바탕으로 발전된 것임을 보여줄 수 있다고 생각되기 때문이다. 또 같은 이유로 코퍼스나 선행 연구에서 사용되지 않았지만 충분히 사용 가능할 것 같은 용례는 직접 구성하기도 하였다. 그러나 그러한 용례는 논의를 전개하는 데 꼭 필요한 예들에 한하였다.

한편 이 책에서 한·중 문말서법의 대조를 위해 사용한 연구 방법은 크게 형태·통사적 방법과 의미·화용적 방법의 두 가지이다.

첫째, 형태·통사적 방법을 선택한다. 형태·통사적 방법이란 형태적인 방법과 통사적인 방법을 적용한다는 뜻이다. 앞에서도 언급했듯이 유형

---

22 '물결21' 코퍼스는 2000년부터 2011년까지 12년 동안 『조선일보』, 『동아일보』, 『중앙일보』, 『한겨레신문』에 기재된 기사 전체로 구성되어 있으며, 정밀한 형태 분석 정보가 주석되어 있는 5억 어절 이상의 방대한 규모의 코퍼스이다.

23 'BCC語料庫'는 정식 명칭이 '北京語言大學BCC語料庫'라고 한다. 北京語言大學BCC語料庫는 '北京語言大學BCC語料庫中心(BLCU Corpus Center, 약칭 BCC)'에서 구축한 한어(漢語)를 주로 하고 동시에 다른 언어도 있는 인터넷 코퍼스이다. 현재까지 이 코퍼스는 수백억 자로 아주 방대한 규모가 이루어지고 있다. 그리고 한어의 경우 다른 시기, 또는 다른 문체의 생생한 자료들이 포함되어 있다. 구체적 소개 및 사용은 荀恩東 등(2016)을 참조하기를 바란다. 荀恩東·饒高琦·肖曉悦·臧嬌嬌, 「大数据背景下BCC语料库的研制」, 『语料库语言学』3-1, 2016, 93~109면.

론적으로 한국어와 중국어는 각각 교착어와 고립어로 서로 다르다.[24] 따라서 이 책에서는 한·중 문말서법의 문법 형식인 어말어미와 어기조사의 형태적 분류나 체계 또는 형태적 교체 등을 살펴볼 것이다. 또한 통사적 방법을 사용하기도 할 것이다. 특히 한국어 종결어미와 중국어 문말 어기조사는 형태적으로 모두 단어에 결합하지만 통사적 관점에서 볼 때는 모두 단어 이상의 단위에 결합하게 된다.[25] 이런 검토를 통해 한·중 문말서법을 실현하는 문법 요소들이 지니는 통사적 기능이나 제약의 유사성을 살피게 될 것이다. 물론 통사 구조의 위상처럼 다른 점도 밝히게 될 것이다.[26]

둘째, 의미·화용적 방법을 취한다. 문말서법은 기본적으로 특정의 담화 상황에서 발화를 수행할 때 청자에 대한 화자의 태도를 반영한다. 문장의 내용에 대하여 이렇게 청자를 고려하게 된다는 것은 문말서법이 화용이나 텍스트의 문제라는 것을 보여 준다. 그리고 한·중 두 언어에서 문말서법의 문법 형식에 따라 다양한 화용적 의미를 나타내기도 한다. 따라서 이 책에서 의미·화용적 관점에서도 대조할 것이다.

문말서법의 의미·화용적 관점을 다루면서 이 책은 문말서법을 문말서법(1)과 문말서법(2)로 구분하여 살펴볼 것이다. 이들은 여러 가지 면에서 서로 다른 형태, 통사, 의미적 차이를 보이는데 그러한 차이는 기본

---

24   언어유형적 차이는 언어 간의 차이에 결정적이지 않을 수 있다. Lindsay J. Whaley, 김기혁 역(2010)에는 소통의 구체적인 증거를 들어 절대적인 의미의 교착이나 고립어가 존재하기 어렵다고 강조한다. 자세한 것은 이 책의 제3부 참조. Lindsay J. Whaley, 김기혁 역, 『언어 유형론: 언어의 통일성과 다양성』, 소통, 2010.

25   따라서 통사적으로 대조·연구를 할 때 어말어미나 어기조사가 아니라, 문말어미 또는 문말 어기조사라는 용어를 사용할 것이다.

26   이에 대하여는 제3장 한·중 문말서법의 형태·통사적 대조 부분에서 자세하게 논의될 것이다.

적으로 문장에 담긴 명제 내용이 지니는 특성의 차이에서 비롯하는 것이다. 그리하여 이 책에서는 문장에 담긴 명제 내용의 특성이 [+상태]를 보이는 문말서법을 문말서법(1), [+행동]을 보이는 문말서법을 문말서법(2)로 구분하여 살필 것이다.[27]

이와 같은 구분은 한·중 문말서법의 대조, 특히 의미·화용적 특성의 공통점과 차이점을 살피는 데 용이하다. 한·중 문말서법은 형태·통사적 측면에서도 공통점과 차이점을 확인할 수 있으나 그 특징은 의미·화용적 특성에서 더욱 분명하게 드러나기 때문이다.

1.3. 선행 연구

한국어와 중국어에서 문말에 일어나는 언어 현상에 관련되는 기존의 연구가 대단히 많다. 여기서는 기존의 연구를 검토해 보고 이 책의 기초와 출발점을 다지고자 한다.

[1] 한국어에 대한 선행 연구

한국어에서 문말서법, 즉 문장종결법에 관련되는 연구가 여러 가지 경향이 보인다.

첫째, 구조주의의 관점을 바탕으로 진행한 연구이다. 대표적으로 최현

---

27 명제 내용의 [+상태]와 [+행동]이라는 특성은 화자가 명제 내용에 대한 지각이나 인식을 말한다. 화자가 명제 내용을 [+상태]의 정보로 인식하면 문말서법(1)에 속하고 화자가 명제 내용을 [+행동]의 정보로 인식하면 문말서법(2)에 속한다. 문말서법(1)은 제4장에서, 그리고 문말서법(2)는 제5장에서 자세하게 논의될 것이다.

배(1937), 허웅(1975), 고영근(1974), 그리고 고영근(1976)이 있다.

최현배(1937)에서는 풀이말의 바탕을 기본적 기준으로 하여 월의 갈래를 베풂월, 시킴월, 물음월, 꾀임월 4가지로 나눴다. 베풂월은 단독적 태도를 나타내는 것이고 시킴월과 물음월은 관계적 태도를 나타내는 것이다. 관계적 태도를 나타내는 시킴월은 말하는 이를 중심으로 관계적 태도를 보인다면 물음월은 듣는 이를 중심으로 관계적 태도를 보인다. 베풂월, 시킴월, 물음월과 달리 꾀임월은 공동의 움직임을 나타내는 것을 말한다. 이러한 구분은 문장의 종류를 나눈 것에 불과하고 문말의 언어 현상을 범주적으로 인식하지 못하고 있다.

허웅(1975)에서는 최현배(1937)보다 나아가서 한국어 문말 위치의 언어 현상을 범주적으로 인식하게 되었다. 허웅(1975)에서는 문말의 범주를 '말할 이의 들을 이에 대한 여러 가지 의향을 나타내면서 말을 끝내는 법'이라고 정의하면서 마침법 또는 의향법이라고 명칭을 지정하였다. 게다가 존대법과 마침법의 불가분성을 지적하면서 허웅(1975)은 청자에 대한 요구 여부를 기본적인 기준으로 삼아서 마침법을 분류하였다. 청자에 대한 요구 여부에 따라 마침법은 서술법, 물음법, 시킴법 그리고 꾀임법 등 4가지로 나눌 수 있다. 이 견해는 본질적으로 최현배(1937)와 동일하게 행위참여자, 즉 화자와 청자를 문제삼고 있다. 다른 점은 최현배(1937)가 일차적으로 풀이말의 실행을 담당하는 임자말이 개별적이냐 공동적이냐에 관심을 두었다면 허웅(1975)은 일차적으로 청자에게 관심을 두었다.

고영근(1974)에서는 한국어 문말의 언어 현상을 담당하는 문법 요소 문장종결형의 구조와 체계를 다른 서법과의 관계를 통하여 설정하면서 문장종결형으로 실현되는 문말 위치의 서법을 문체법이라고 불렀다. 그리고 문체법을 의지적 서법과 무의지적 서법으로 분류하였다. 의지적 서법으로 명령법, 허락법, 약속법, 경계법, 공동법이 있고 무의지적 서법으로 설명법, 의문법, 삼탄법이 있다. 나아가서 고영근(1976)에서는 선어말어미에 의해 실현되는 서법과 어말어미로 실현되는 문체법을 분명하게 구분하였다. 그리고 청자의 의도에 영향을 주는 여부에 따라 다시 문체법을 분류해 봤다. 청자의 의도에 영향을 미치지 않는 것에는 설명법과 약속법, 감탄법을 포함시키고 청자의 의도에 영향을 미치는 것에는 의문법과 명령법, 허락법, 공동법, 경계법을 포함시켰다.

위의 구조주의적 연구들은 한국어 문말에서 실현되는 어미들의 목록화나 분류에 의미가 크지만 문말에서 실현되는 문장종결법을 하나의 문법범주로 인식하지 못하고 있다. 그리하여 한국어 문말에서 실현되는 언어 현상이 서술어와 연결된 것으로 파악하여 그것들의 통합관계나 그에 따른 한국어 문장의 종류 분석에 논의를 집중하였다. 이러한 경향은 한국어 문말에서의 언어 현상을 단순히 몇몇 어휘들의 형태적인 차이에 의해 파악함으로써 담화 차원의 현상인 문장종결법을 인식하지 못했다.

둘째, 변형생성문법의 관점이다. 이에 따라 한국어의 문장종결법은 문장을 생성하는 통사론적 절차의 하나일 뿐이다. 이를 실현하는 문말의 문법 형식이 가지는 기능은 또한 단순히 문장을 종결해 주는 통사적인 것과 서법을 나타내는 것으로 나뉜다.

문장을 종결해 주는 기능이라면 문말에서 실현되는 형식은 서술어에 연결되는 것이 아니라 문장의 최상위 분지에서 문장의 나머지 것과 대등하는 자격을 지녀 문장을 통사적으로 완결시킨다는 것을 말한다. 이는 구조주의적 관점에 비해 서술어를 넘어 문장의 차원에서 바라보았다는 점에서 한걸음이 나갔다고 볼 수 있다. 그러나 문말의 범주를 문장 안의 통사적인 절차로 보고 있기에 문장종결법이 문장 이상의 요소들과 관계를 맺고 있는 사실을 기술할 수 없었다.

그리고 서법을 나타내는 기능이라면 문말의 언어 현상이 문장의 생성 절차에서 양태(mood)와 관계가 있다고 말하는 것이다.[28] 다음 도식과 같은 것이다.[29]

S → NP - VP - Mood
Mood → {서술형, 의문형, 명령형, 청유형}
⋮

이러한 관점은 한국어의 문말에서 일어나는 언어 현상을 양태와 관련된다고 인식했다는 점에서 긍정적인 일이다. 다만 양태를 문장 안에서, 즉 통사적 구조 안에서 파악하려고 한다는 점은 통사적 관점에서만 살펴보는 위의 견해와 같은 문제를 야기하게 되었다.

대표적으로 남기심(1971)에서는 간접인용문의 피인용절에서 중화되어 나타나는 형태에 초점을 두어 한국어의 문말에서 실현되는 종지법 어미를 서술형, 의문형, 명령형, 청유형 4가지로 분류하고 있다. 그는 간접인용문에서 제대로 실현되지 않는 감탄형, 응락형, 허락형이 문말에서 실현되는 것이 아니라고 주장하였다. 왜냐하면 감탄형과 응락형, 허락형의 분류는 의미적 근거만 있을 뿐이고 객관적 형식 근거가 없어 보이기 때문이다. 다음 예문을 보자.

---

28 mood는 보통 서법으로 번역된다. 그러나 서법은 일반적으로 선문말어미에 의해 실현되는 문법범주를 가리킨다. 여기서 혼동을 없애기 위해 mood를 선문말어미나 문말어미가 모두 수행하고 있는 의미법주로서의 양태로 번역한다. 서법과 양태의 상관성에 대하여 고영근(1986) 참조. 고영근, 「서법과 양태의 상관관계」, 『국어학신연구』(약천김민수교수 화갑기념논문집), 탑출판사, 1986, 249~265면.
29 여기서 든 도식의 구조는 Lee(1971)에서 설정하고 있다. 윤석민, 「현대국어 문장종결법 연구」, 서울대학교 박사학위논문, 1996, 16면.

(5) ㄱ. 서술형: 선생님이 오신다. → 철수는 선생님이 오신다고 말했다.
ㄴ. 의문형: 벌써 가느냐? → 그는 나에게 벌써 가느냐고 물었다.
ㄷ. 명령형: 조용히 해라. → 대장은 우리에게 조용히 하라고 지시했다.
ㄹ. 청유형: 그만 가자. → 나는 친구에서 그만 가자고 재촉했다.

(6) ㄱ. 감탄형: 꽃이 참 예쁘구나! → 누님은 꽃이 매우 예쁘다고 감탄
했다.
ㄴ. 응락형: 꼭 가마. → 그는 나에게 꼭 온다고 약속했다.
ㄷ. 허락형: 이젠 그만 가려무나. → 선생님은 나에게 이제 그만 가
라고 허락했다.

위 예문 (5)를 보면 서술형, 의문형, 명령형 그리고 청유형의 문장은
간접인용 형식으로 바뀌어도 피인용절에 문말어미의 형식이 보인다. 그
러나 이와 달리 감탄형과 응락형, 허락형의 경우에는 위 예문 (6)과 같
이 서술형과 명령형에서와 같은 인용형식을 이용하고 있다.[30] 감탄형과
응형, 허락형뿐만 아니라 경계형의 경우도 마찬가지다. 다음 예문 (7)을
보자.

(7) 떨어질라. → 할머니는 내가 떨어진다고 걱정하셨다.

위 예문 (7) 경계를 나타내는 문장이 간접인용을 할 때도 피인용절에
경계의 문말어미 '-ㄹ라'를 사용하는 것이 아니라 서술형 문말어미 '-다'
를 사용한다.

그러나 피인용절은 문장이 아니라 내포절이다. 위의 주장은 피인용절

---

30 응락형의 경우 피인용절에 서술형과 같은 형태 '-다'를 사용하기는 하지만 독립적인 형
태 '-마'를 사용하기도 한다. (6ㄴ)의 문장 간접인용을 할 때 '그는 나에게 꼭 온다고 약
속했다.' 말고 '그는 나에게 꼭 오마 약속했다.'라고 말하기도 한다.

을 하나의 문장으로 잘못 보고 있다. 그리하여 간접인용법과 문장종결법은 결국 본질적으로 다르다.[31]

셋째, 담화·텍스트적 관점에서 접근하는 경향이다. 대표적으로 임홍빈(1984)과 장경희(1985), 박금자(1987), 그리고 윤석민(1996) 등이 있다.

임홍빈(1984)에서는 한국어 문말에 사용되는 문종결이 여러 방법으로 실현됨을 지적하면서 본래적인 문종결형식에 의한 문종결과 비본래적인 문종결형식에 의한 문종결로 구분하고, 특히 후자의 경우 수행 억양이 중요한 기능을 하는 것으로 파악하고 있다.

장경희(1985)에서는 한국어에서 양태를 표시하는 여러 절차를 다루면서 우선 화자의 심리적 태도라는 의미적 기준에서 출발하여 의미를 중심으로 하여 접근하였다. 서법과 문장종결법의 차이를 고려하지 않고 있으나 문말에서 실현되는 언어 형식을 우선적으로 의미에 기반하여 살핀다는 점에서 의의가 있다.

박금자(1987)에서는 실제 의사소통 과정에서 명령을 수행하기 위하여 다양한 명령 표현들을 사용할 수 있음을 지적하고 있는데 이는 특정의 문장종결법이 다양한 문장종결형으로 실현될 수 있다는 사실을 보여 준다.

문장종결법의 범주와 의미를 최종적으로 확립한 것은 윤석민(1996)이다. 윤석민(1996)에서 한국어의 문장종결형이 단순히 문장을 종결시키고 또 문장을 넘어 더 큰 단위인 담화나 텍스트와 관련시키는 통사적 기능만 수행하는 것이 아니라는 사실을 분명히 보여 주었다. 그에 따르면 한국어에서 문말에 사용되는 문장종결형은 문장 이상의 요소들과 관련되는 정보를 드러내는 기능을 가지고 있다. 구체적으로 말하자면, 화자가

---

31 한국어에서 문장종결법과 간접인용법이 다르다. 문장종결법을 논할 때 간접인용법의 중화 형태는 직접적인 논의 대상이 될 수 없다. 윤석민, 1996, 앞의 논문, 26~28면.

발화하면서 청자에 대한 태도의 정보를 드러내는 기능을 가진다는 것이다. 뿐만 아니라 윤석민(1996)은 한국어의 문장종결법의 개념을 새롭게 규명하고 문장종결법을 다음과 같이 분류하였다.

〈표 2〉 윤석민(1996)에서 문장종결법의 분류

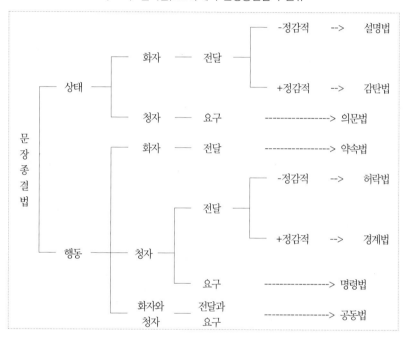

이 책에서는 위 윤석민(1996)의 견해를 바탕으로 한국어 문장종결법과 중국어 문말어기를 대조하여 연구하기로 한다.[32]

위의 연구들은 한국어의 문장종결법이 문장 층위를 넘어서서 화자의

---

32 한국어 문장종결법과 중국어 문말어기에 대하여 제2장 이론적 배경 부분에서 자세하게 논의될 것이다.

여러 가지 의미적 또는 화용적인 결정이 포함되어 있음을 중요시하는
것으로 보인다.

이 외에 이종희(2004)에서는 한국어 종결어미의 의미 체계에 대하여
논의했다. 이종희(2004)는 기존의 연구들이 종결어미를 문장종결법(sentence
type)[33] 및 상대높임법[34] 두 축으로 이루어졌다고 말했다. 그러나 이러한
두 축으로 이루어진 연구들은 종결어미의 본래적인 기능이 무엇인가에
대한 연구나 반성 없이 종결어미가 수행하는 기능의 결과에 대한 연구
를 했을 뿐이다. 따라서 이종희(2004)는 문장종결법과 상대높임법만으로
충분하게 설명되지 않는 종결어미의 의미 부분에 대해서 연구하고자 하
였다. 즉 종결어미에는 어떠한 의미가 있으며 그들이 왜 사용되는가를
발화 상황에서 말하는 이의 의도를 중심으로 살피는 것이 목적이었다.
이종희(2004)에 따라 한국어 종결어미의 기능의미는 다음 그림과 같이
도식화할 수 있었다.

---

33 이종희(2004)에서는 문장종결법을 문형으로 보고 있다. Sadok·Zwicky(1985: 155~156)
    에서는 문형을 언어의 형태(form)와 사용(use)의 쌍이라고 표현하였다. 즉, 특별한 통사
    구조나 특별한 형태-특별한 접사, 접두사, 어순, 억양, 성분 생략, 음운적 변이-와 같은 형
    태와 그 형태를 이용하여 언어에서 어떻게 사용하는가의 쌍을 보이는 것이 문형이라고
    하였다. 영어에서 동사와 주어를 도치하고 끝을 올리는 억양을 사용하여 판정-의문문
    (yes-no question)을 나타내는 것 등이 바로 그것이다. 이종희, 「국어 종결어미의 의미
    체계 연구」, 연세대학교 박사학위논문, 2004, 2면.
34 상대높임법은 발화 상황에 나타나는 듣는 이와 말하는 이의 관계, 상하관계나 친소관계
    를 반영한 것으로 말하는 이가 듣는 이에 대해 높임을 표현할 것인지 그렇지 않은지를
    결정한 후에 사용할 수 있는 것이다. 즉, 구체적인 발화의 상태자, 듣는 이가 존재해야
    한다는 점에서 입말에서만 나타나는 현상이라고 본다. 구체적인 특정의 듣는 이가 존재
    하지 않는 글말에서는 상대높임법을 논의할 수 없다. 이종희, 2004, 앞의 논문, 3면.

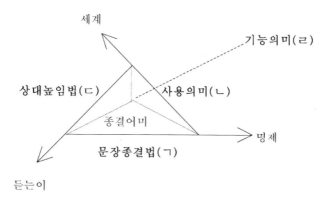

〈그림 1〉 한국어 종결어미의 기능의미

이종희(2004)의 이러한 견해들은 이 책에서 한·중 문말서법의 실현 요소인 문장종결형이나 문말 어기조사가 드러내는 화용양태를 고찰할 때에 큰 의미가 있다.

그리고 박재연(2006)에서는 한국어 문법 기술에 필요한 양태 범주를 확립하고 이를 바탕으로 한국어 양태 어미들의 의미 기능을 체계적으로 기술하였다. 이러한 양태 어미 중에 문말에 실현되는 종결어미도 포함하였다. '-지', '-을까', '-을걸', '-네', '-구나', '-군', '-구먼', '-거든', '-다나'류, '-다면서'류, '-을래'류, '-게', '-을라', '-어야지' 등이 이에 속한다. 박재연(2006)에 따르면 '-지'와 '-을까', '-을걸'은 문맥에 따라 인식적 양태 의미를 표현하기도 하고 행위적 양태 의미를 표현하기도 하는 인식·행위 다의성을 갖는 어미이다. 그리고 '-네', '-구나', '-군', '-구먼', '-거든', '-다나'류, '-다면서'류'는 인식적 양태 의미만을 표현하는 어미이며 '-을래'류, '-게', '-을라', '-어야지'는 행위적 양태 의미만을 표현하는 어미이다. 이러한 주장은 이 책에서 문장종결형의 화용양태를 살펴보는 데에 참고가 된다.

[2] 중국어에 대한 선행 연구

중국어에서 문말서법인 문말어기에 관련되는 연구도 적지 않다.

조기의 연구들에 문말어기와 문장의 유형과 연결을 시켜서 진행한 것들이 많다. 예를 들어, 劉月華(1987), 劉月華·潘文娛·故韡(2002), 呂叔湘(2002), 류기수(2003), 허성도(2005/2014), 박기현(2011), 이민우(2014) 등이 있다. 그런데 문말어기와 문장유형은 다른 범주의 문제이다. 문말어기를 문장유형과 연결을 시켜서 연구하는 것은 문말어기를 하나의 문법범주로 인식하지 못하기 때문이다.[35]

위와 달리 최근에 이루어진 연구를 보면 중국어의 문말어기도 한국어 문장종결법과 같이 문장을 넘어 화용 또는 텍스트 차원의 문제라는 사실을 알 수 있다.

먼저, 胡明揚(2003 : 97~98)에 의하면 중국어 어기는 다음 (8)과 같은 것이 있다.

> (8) ㄱ. 表情语气: 화자의 감정(찬탄·경악·의아·불만 등)을 나타낸다.
>   ㄴ. 表态语气: 화자가 명제 내용에 대한 태도(긍정·부정·강조·완곡 등)를 나타낸다.
>   ㄷ. 表意语气: 화자가 청자에게 전달하려는 정보(기원·명령·추궁·승낙 등)를 나타낸다.

위 (8)을 보면, 중국어에서 어기는 화자의 감정, 즉 태도와 관련된다.

---

35 이는 한국어에서 문장종결법에 대한 구조주의적 연구와 같다.

특히 (8ㄷ)과 같이 청자에 대한 화자의 태도를 나타내는 어기도 있다. 이렇게 청자를 고려하게 된다는 것은 중국어 어기도 한국어 문장종결법과 같이 담화나 텍스트 차원의 문제라는 사실을 보여 준다.

나아가서 정명숙(2008)에서는 담화에서 어기조사가 가지고 있는 화용론적 의미 특성은 일정한 경향 또는 패턴이 있다고 말했다. 어떠한 경향이나 패턴이 보인다는 것은 체계화된다는 것을 말한다.

그리고 金智姸(2011)에서는 현대중국어 어기조사의 의미를 연구했다.[36] 金智姸(2011)은 문말에 위치하는 기본 어기조사[37] 중의 "啊", "吧", "吗", "呢" 및 일반 어기조사[38] 중의 "嘛" 총 5개의 어기조사를 대상으로 각각이 다양한 문장유형에서 구현하는 의미를 살펴봤다. 金智姸(2011)은 어기조사가 가지는 의미에 주목하고 있다. 이 책에서 중국어 어기조사가 맥락에 따라 드러내는 화용양태를 연구하는 데 金智姸(2011)의 연구를 참고하였다.

마지막으로 본격적으로 중국어 어기조사를 화용론적 관점에서 살펴본 연구에는 薛兵(2018)이 있다. 薛兵(2018)에서는 어기조사와 어기를 이용하여 문법과 화용의 상호작용적 관계를 증명하였다. 그리고 薛兵(2018)은 어기조사가 화용적 환경에서 나타내는 양태를 화용정태(話用情態)라고 하였다. 이 책에서 화용정태 대신에 화용양태라는 용어를 사용할 것이다.[39]

---

36 金智姸(2011)에서는 어기사라는 용어를 사용하고 있다. 金智姸, 「现代汉语句末语气词意义研究」, 复旦大学中文系博士学位论文, 2011.

37 흔히 중국어에서 기본어기사가 총 6개—啊·吧·的·了·吗·呢가 있다고 한다.

38 중국어에서 일반 어기조사라는 것은 6개의 기본 어기조사 이외의 모든 어기조사를 가리킨다.

39 화용양태에 대하여 제2장을 참조하기를 바란다.

[3] 한·중 대조에 대한 선행 연구

한국어와 중국어 문말서법을 대조하여 연구하는 논의로 주림(2014)이 있다. 주림(2014)에서는 한국어와 중국어의 양태 표현을 대조하여 연구하였다. 주림(2014)은 한국어의 양태 표현으로 동사 어간 이후에 나타나는 양태 선문말어미와 양태 술어들을 연구 대상으로 삼았고, 중국어의 양태 표현으로 양태 동사를 연구 대상으로 삼았다. 그리고 주림(2014)은 양태를 삼분법에 따라 인식양태(가능성, 개연성, 확실성)와 의무양태(허가, 의무), 동적양태(능력, 의도, 평가)로 나누었다. 그리고 양태 의미에 따라 한국어와 중국어 각각의 언어에서 양태 표현의 대응 관계를 밝혔다. 이를 다음 <표 3>으로 정리할 수 있다.

〈표 3〉 한·중 양태 표현의 대응 관계

구분		한국어 양태 표현	중국어 양태 표현
인식 양태	가능성	-ㄹ 수 있다	可能,能
	개연성	-은/는/을 것 같다 -은/는/을 듯하다 -은/는/을 듯싶다 -은/는/을 모양이다 -은가/는가/나 보다	-
	확실성	-ㄹ 것이다 -겠-	应该, 会, 要
의무 양태	허가	-아/어/여도 되다 -ㄹ 수 있다	可以 能
	의무	-아/어/여야 하다/되다	应该(应当), 要, 得, 必须
동적 양태	능력	-ㄹ 수 있다 -ㄹ 줄 안다	能(能够), 会, 可以
	의도	-겠- -ㄹ 것이다 -ㄹ 래 -(으)려고 하다	要 想要 打算 想

		-고자 하다	
		-고 싶다	
	평가	-ㄹ 만하다	値得

<표 3>처럼, 주림(2014)은 한국어와 중국어의 양태 표현을 대응 관계에 따라 의미와 통사적 관점에서 대조하여 서로의 공통점과 차이점을 살펴봤다. 그런데 한국어에서 선문말어미 이외에 문장의 마지막에 위치하는 문말어미도 중요한 양태 표현의 하나이다. 한국어 문말어미에 대응하여 중국어에서 문말 어기조사가 있다. 중국어 문말 어기조사도 문장의 마지막에 위치하여 양태 의미를 실현한다.

그리하여 주림(2014)과 달리, 이 책에서는 한국어 문말어미와 중국어 문말 어기조사로 이루는 한·중 문말서법이 나타내는 양태 의미를 살펴보고자 한다. 나아가서 문말어미와 문말 어기조사가 맥락에서 이루는 화용양태도 대조하여 살펴볼 것이다.

한편, 한·중 문말서법의 실현 요소, 즉 문장종결형과 문말 어기조사를 대조하는 논의가 있다. 그런데 그 중에서 한 두 가지 요소를 대상으로 하는 단편적인 접근이 많았다. 이 책처럼 포괄적 관점에서 접근하는 논의로 장혜청(2013)와 손설봉·김정남(2018)을 들 수 있다.

장혜청(2013)에서는 한국어와 중국어 문장 종결 표현의 기능과 형태 양상을 통사론과 형태론의 관점에서 대조적으로 살펴봤다. 장혜청(2013)에서 말하는 한국어와 중국어의 문장 종결 표현은 주로 한국어의 종결어미와 중국어의 어기조사를 말한다. 즉 이 책에서 말하는 한국어 문장 종결형과 중국어 문말 어기조사이다. 장혜청(2013)은 우선 한국어에서 종결어미가 지니는 구체적인 형태, 통사적 기능들을 종합적으로 고찰한 다음에 이를 바탕으로 문장 종결 범주들이 지니고 있는 전반적인 속성을 중국어 어기조사와 대비하여 규명하였다. 이 연구는 한·중 문말서법의 실현 요소 문장종결형과 문말 어기조사의 형태적 특성과 통사적 특성을 이해하는 데에 의미가 있지만 그들이 지니는 의미·화용적 특성에 대하여 논의하지 않았다.

장혜청(2013)에 비해, 손설봉·김정남(2018)에서는 한국어와 중국어의 문장 종결 유형을 대조적으로 살펴봤고 한국어 종결어미와 중국어 어기조사를 중심으로 공통점과 차이점을 정리해 봤다. 손설봉·김정남(2018)에 따라 한·중 문장 종결 유형의 대응 관계는 다음 <그림 2>와 같다.

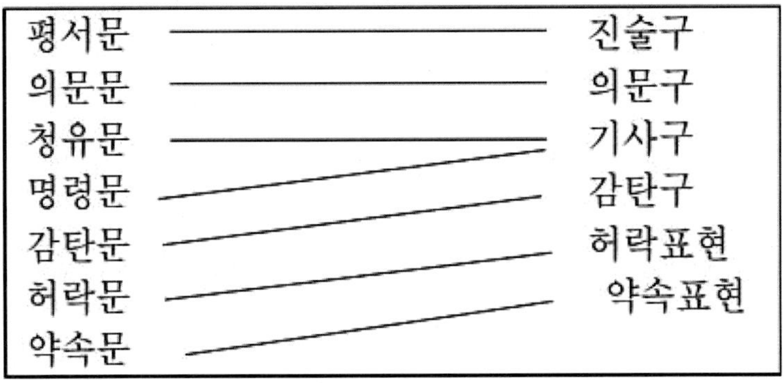

〈그림 2〉 한·중 문장 종결 유형의 대응 관계

위 <그림 2>처럼 손설봉·김정남(2018)의 논의는 한국어 문장 종결어미와 중국어 어기조사의 양태 의미에 대한 대조적 연구를 위한 기반으로서 한국어와 중국어의 문장 종결형 전체의 체계를 세우고 대조하는 틀을 마련하려고 시도하였다. 다만 문장유형의 관점에서 양태 의미를 탐구하는 것은 한·중 두 언어에서 문말의 언어 현상을 하나의 문법범주로 인식하지 못하는 아쉬움이 있다.

지금까지 한·중 두 언어의 문말서법과 관련되는 여러 가지 기존 논의를 살펴보았다. 그들은 이 책의 출발점이자 바탕이 되는 연구들이다. 이러한 기존 연구의 성과를 참고하여 이 책에서는 한국어와 중국어의 문말서법을 대조하여 살펴볼 것이다.

1.4. 논의 구성

이 책은 다음과 같은 구성으로 이루어져 있다.

제2장은 이 글의 이론적 토대를 마련하는 부분이다. 우선 문말서법의 개념과 체계, 활용 특성을 살펴본 뒤에 이를 바탕으로 이 책에서 중점을 두고 있는 문말서법과 양태, 화용양태의 관계를 살펴볼 것이다.

제3장부터 제5장까지는 이 글의 본론 부분이다. 즉 본격적으로 한·중 문말서법을 대조·연구하는 부분이다.

제3장에서는 한·중 문말서법의 형태·통사적 특성을 대조한다. 형태적 대조에서는 한·중 문말서법의 실현요소인 문장종결형과 문말 어기조사가 가지는 형태적 분류와 형태적 교체를 살펴본다. 그리고 통사적 대조에서는 문장종결형과 문말 어기조사가 수행하는 통사적 기능과 상황에 따라 받게 되는 통사적 제약, 그리고 각각의 통사 구조 위상을 살펴본다.

제3장을 바탕으로 제4장과 제5장에서는 한·중 문말서법의 의미·화용적 특성을 대조한다. 한·중 문말서법은 크게 두 개의 체계로 이루어진다. 하나는 명제 내용이 [+상태]의 의미 특성을 지니는 한·중 문말서법 (1)이고 다른 하나는 명제 내용이 [+행동]의 의미 특성을 지니는 한·중 문말서법(2)이다.[40] 이에 따라 제4장에서는 한·중 문말서법(1)을 살펴

보고 제5장에서는 한·중 문말서법(2)를 살펴본다.

마지막으로 제6장에서는 앞의 논의를 종합하여 한·중 문말서법의 기능 대조 특성과 실현요소 대조 특성 등을 간략하게 정리할 것이다. 그리고 이 책의 한계에 대하여도 제시할 것이다.

---

40 한·중 문말서법의 체계에 대하여 2.1.2. 부분을 참조하기를 바란다.

제2장
이론적 배경

　문장은 명제(命題, proposition)와 양태(樣態, modality)로 이루어진다.[41] 명제
는 문장의 기본적인 의미를 나타내는 부분이고 양태는 명제 내용 이외
에 화자의 심리적 태도와 관련되는 부분이다. 화자의 심리적 태도는 명
제에 대한 것이 있고 청자에 대한 것이 있다. 한국어와 중국어에서 이러
한 화자의 심리적 태도를 실현하는 문법범주로 각각 서법(敍法, mood)과
어기(語氣, mood)가 있다.[42] 그리고 그들과 짝을 이루는 의미범주로는 양

41　이는 문장에서 명제를 제외한 부분을 모두 양태에 포함시킨다는 관점에 따른 말이다. 이
　　관점은 부정, 시제, 서법, 상을 모두 양태에 포함되는 요소로 파악하고 있다. 대표적으로
　　Fillmore(1968)에서 이 관점을 주장하여 문장을 '명제+양태'로 정의한다. Fillmore, C.
　　J, The Case for Case: Universal in Linguistic Theory, Holt Rinehart and
　　Winston, 1968.
42　여기서 말하는 서법과 어기는 넓은 의미의 개념이다. 이른바 넓은 의미의 서법 또는 어
　　기는 화자의 심리적 태도를 나타내는 문법범주를 모두 포함한다. 예를 들어, 한국어의
　　경우에는 선문말어미로 실현되는 서법과 문말어미로 실현되는 서법이 있다. 그리고 중국
　　어의 경우에는 문말 어기조사로 실현되는 어기도 있지만 어기부사나 조동사 등 어휘요
　　소로 실현되는 어기도 있다.

태(樣態, modality)와 정태(情態, modality)가 그것이다.[43]

문말서법(文末敍法, sentence-final mood)은 문말(文末)의 위치에 실현되는 서법이다.[44] 문말서법과 짝을 이루는 화용적 의미범주는 화용양태(話用樣態, pragmatic modality)이다.[45]

한국어와 중국어의 문말서법을 대조하기 위하여 여기서는 우선 한·중 문말서법의 개념과 체계를 살펴본 다음에 문말서법과 양태, 화용양태의 관계를 살펴볼 것이다. 그리고 한·중 문말서법의 형태·통사적 대조 특성과 의미·화용적 대조 특성을 살펴보기 위하여 그들의 활용 조건에 대하여도 논의할 것이다.[46] 이렇게 함으로써 이 책의 이론적 토대를 마련하고자 한다.

2.1. 한·중 문말서법의 개념과 체계

한국어와 중국어에서 서법은 실현되는 위치에 따라 문말서법과 비문말서법으로 나눌 수 있다. 문말서법은 문장의 말, 즉 문장의 끝자리에서

---

43 여기서 양태와 정태도 넓은 의미의 개념이다. 즉 화자의 심리적 태도를 나타내는 의미범주를 모두 포함한다. 그리고 양태와 정태는 한 범주가 한·중 두 언어에서 다르게 부른 것이다. 이 글에서 논의의 편리상 양태라는 용어만 사용하기로 한다.

44 문말에 실현되는 문말서법은 한국어의 문장종결법과 중국어의 문말어기를 통칭할 수 있는 용어이다.

45 중국어에서 화용양태는 어용정태(語用情態)라고 부른다. 어용정태라는 용어는 薛兵(2018)에서 볼 수 있다. 薛兵, 「语法与语用互动关系研究: 以汉语时态、语态、语气为证」, 东北师范大学博士学位论文, 2018. 화용양태나 어용정태는 같은 의미를 뜻한다. 이 글에서 한국어의 용어를 선택하여 화용양태라는 용어를 사용하기로 한다.

46 이때 한·중 문말서법의 형태·통사적 대조 특성은 한·중 문말서법의 실현요소가 문말서법에 따라 나타나는 특성을 말한다.

실현되는 것을 말하고 비문말서법은 문말이 아닌 문장의 다른 위치에서
실현되는 것을 말한다.[47]

2.1.1. 한 · 중 문말서법의 개념

한국어와 중국어에서 문말서법과 비문말서법은 모두 화자의 심리적
태도와 관련됨으로써 혼동하기 쉬운 문제가 존재한다. 문말서법의 개념
을 설명하기 위하여 그와 비문말서법을 비교하기로 한다.

한국어에서 문말서법과 선문말서법이 서로 다른 문법범주인 것은 이
미 증명된 사실이다. 고영근(1986)에서 선문말서법을 선문말어미에 의하
여 실현되는 문법범주로 인식하여 선문말서법을 여러 언어 요소로 실현
되는 의미범주인 양태와 명확히 구분하고 있다. 이를 바탕으로 윤석민
(1996)에서는 문말어미에 의해 실현되는 문말서법, 즉 문장종결법이 선문
말서법과 구별되는 다른 관점의 문법범주라는 이론을 확립하였다.

이에 비해 중국어에서 문말어기와 비문말어기의 경우가 좀 다르다.
중국어 어기가 문법범주라는 사실이 赵春利·时定栩(2011)에서 언급되고
있다. 그러나 한국어에서 문말서법과 선문말서법이 다른 체계의 문법요
소로 실현되는 것과 달리 중국어에서 문말어기와 비문말어기는 동일한
체계의 문법요소로 실현될 수 있다. 다시 말해 중국어에서 어기조사는
문말어기와 비문말어기의 기능을 모두 수행할 수 있다. 다만 문말어기를
수행하는 경우에는 문말에 위치하여 문말 어기조사라고 말할 수 있고

---

47 한국어에서 비문말서법은 문말의 바로 앞자리인 선문말에 실현되어 선문말서법이라고 부
르기도 한다. 이에 비해 중국어에서 비문말어기는 선문말에 실현되기도 하지만 문장의
다른 위치에도 실현된다.

비문말어기를 수행하는 경우에는 비문말인 문중에 위치하여 문중 어기
조사라고 말할 수 있다.[48]

한편 한국어 문장종결법과 선문말서법, 중국어 문말어기와 비문말어
기는 명제 내용에 대한 화자의 심리적 태도와 관련된다. 그런데 명제 내
용에 대한 심리적 태도는 두 가지로 나눌 수 있다. 하나는 명제 내용에
대한 인식의 과정에서 일어나는 화자의 심리적 태도이고 다른 하나는
명제 내용을 청자에게 전달하는 과정에서 일어나는 화행에 대한 심리적
태도이다.

한국어에서 위와 같은 두 가지 심리적 태도는 각각 선문말서법과 문
장종결법에 의해 실현되어 명확하게 구분된다. 윤석민(2000 : 44)에서 이
러한 화자의 심리적 태도를 한 표현이 지니는 두 가지 층위의 양태라고
말하고 있는데 화자의 청자에 대한 고려 여부에 따른 양태와 화용양태
의 문제로 볼 수 있다.[49] 그런데 중국어 문말어기와 비문말어기는 이만
큼 명확한 구분이 보이지 않는다. 예문을 들어 보자.

(1) [[[[이거 먹으면 진짜 살찌-]P-겠-]Mpre-다]Mfin.]S

(2) [[[吃这个真的会长肉]P的]M。]S

---

48 문말 어기조사와 문중 어기조사라는 것은 곧 중국어에서 말하는 구말어기조사(句末語氣
助詞)와 구중어기조사(句中語氣助詞)를 가리킨다.

49 윤석민(1996)에서 화자의 심리적 태도를 명제에 대한 것과 청자에 대한 것으로 나누면
서 이들은 한 표현이 지니는 두 가지 측면으로 보고 있다. 선문말어미와 문말어미가 모
두 양태를 실현하되 이들은 서로 다른 양태로 보고 있는 것이다. 윤석민, 1996, 앞의 논
문. 나아가서 윤석민(2000)에서는 선문말어미와 문말어미가 모두 양태를 실현하되 서로
다른 층위의 양태를 실현하고 있다는 것을 지적하였다. 윤석민, 『현대국어의 문장종결법
연구』, 집문당, 2000.

한국어 문장 (1)에서 화자가 명제 내용 [이거 먹으면 진짜 살찌다]에 대한 추측의 태도는 선문말어미 '-겠-'으로 이루고 화자가 화행에서 명제 내용을 전달하면서 청자에 대한 설명의 태도는 문말어미 '-다'로 이룬다.[50] 추측의 태도는 선문말서법에 해당하고 설명의 태도는 문말서법인 문장종결법에 해당한다. 이에 비해 중국어 문장 (2)의 경우 명제 내용 [吃这个真的会长肉(이거 먹으면 진짜 살찌겠다)]에서 이미 조동사 '会'를 통하여 추측의 의미를 표현하고 있다. 나아가서 문말 어기조사 '的'는 명제 내용에 대한 확실의 태도와 청자에 대한 설명의 태도를 동시에 나타낸다. 즉 문말 어기조사 '的' 하나가 한국어에서 선문말어미와 문말어미에 의하여 실현되는 비문말서법과 문말서법을 동시에 실현하는 것이다.[51]

물론 중국어에서도 문말어기와 비문말어기가 각각 다른 문법요소로 실현되어 청자에 대한 태도와 명제 내용에 대한 태도를 분명하게 구분하여 나타나는 경우가 있다. 다음 예문을 보자.

(3) [[[[吃这个真的会长肉]P的]Mpre]吗Mfin?]S

중국어 문장 (3)에서 비문말 어기조사 '的'은 명제 내용 [吃这个真的

---

50 이 책에서 명제 내용은 언어논리학적인 명제 내용을 말한다. 언어논리학적 명제에 대하여 문병열(2007)에서 '문장의 용언과 그 논항들 및 부가어로 이루어진 구성체'로 정의하고 있다. 문병열, 「한국어의 보문 구성 양태 표현에 대한 연구」, 서울대학교 석사학위논문, 2007, 21면.

51 중국어에서 문말 어기조사가 문장에서 언제나 통사적으로 필수적인 성분이 아니다. 예문 (2)의 경우 문말 어기조사 '的'가 없어도 '吃这个真的会长肉'이 전형적인 문장이 성립된다. 이 점은 중국어에서 문말 어기조사를 문장종결어기조사라고 부르지 못한 이유 중의 하나이다. 나아가서 문말 어기조사로 실현되는 문말어기를 문장종결어기라고 부르지 못한 이유이기도 한다. 이에 대하여 3.2.2.1. 부분에서 상세하게 논의하기로 한다.

슶[肉]에 대한 확실적 태도를 나태내고 문말 어기조사 '吗'는 화행에서 화자가 청자에 대한 질문의 태도를 나타낸다.

지금까지의 논의를 통하여 한·중 두 언어에서 문말서법과 비문말서법의 보편적인 의미를 정리하면 다음 <표 4>와 같다.

〈표 4〉 한 · 중 문말서법과 비문말서법의 의미기능 대조

구분	문말서법	비문말서법
의미기능	청자에 대한 화자의 심리적 태도 실현	명제에 대한 화자의 심리적 태도 실현

<표 4>처럼 한국어와 중국어에서 문말서법의 공통적인 의미기능은 청자에 대한 심리적 태도를 수행하는 것이다. 이에 비해 비문말서법의 경우 한국어와 중국어에서 모두 명제에 대한 화자의 심리적 태도를 나타낸다.

2.1.2. 한 · 중 문말서법의 체계

기존의 연구에 의하면 한국어 문장종결법과 중국어 문말어기의 체계가 사뭇 다르다. 그러나 아무리 체계가 다르다고 하더라도 그들이 각각의 언어에서 수행하는 의미적 기능이 동일하기 때문에 서로 같은 문법 범주이다.[52] 여기서는 한국어 문장종결법과 중국어 문말어기의 체계를

---

52 한·중 두 언어에서 문말서법의 체계가 다르다는 것은 연구 깊이의 문제로 볼 수 있다. 이러한 체계의 차이는 두 언어의 문말서법을 대조하는 데에 어려움을 줄 수 있다. 따라서 한·중 두 언어의 문말서법을 대조하기 위하여 두 언어에서 문말서법의 대응 체계를 규명할 필요가 있다.

비교하여 서로의 대응 양상을 살펴보고자 한다.

한국어에서 문장종결법을 체계화하는 과정에서 여러 가지 기준을 적용해 봤다. 이들 기준에서 특히 일차적인 기준이 중요하다.[53] 대표적으로 다음 (4)와 같이 행위참여자를 일차적으로 고려하는 기준(4ㄱ)과 명제 내용을 일차적으로 고려하는 기준(4ㄴ)이 있다.

> (4) ㄱ. 행위참여자 기준: 담화의 중심적 참여자에 대한 판단[54]
>   ㄴ. 명제 내용 기준: 명제 내용의 속성에 대한 판단[55]

우선 (4ㄱ) 행위참여자를 일차적으로 고려하는 견해를 살펴보자. 최현배(1937)와 허웅(1975)에서 이러한 관점을 동의한다. 행위참여자를 일차적으로 고려하면 한국어 문장종결법의 체계는 다음 <표 5>와 같이 정리할 수 있다.

<표 5>처럼 행위참여자에 따라 한국어 문장종결법을 나누면 삼분법의 체계가 이루어진다. [화자]에 관계된 설명법, 감탄법, 약속법과 [청자]에 관계된 의문법, 명령법, 허락법, 경계법 그리고 [화자와 청자] 모두에 관계된 공동법이 그것이다.

---

53 한국어에서 문장종결법을 체계화하는 과정에서 여러 가지 기준을 모두 적용해야 하되 그 중에서 일차적으로 고려하는 대상이 있다.

54 담화의 중심적 참여자란 명제에 담긴 정보의 소유자나 실현자를 말한다. 소유자나 실현자는 명제 내용의 속성과 관련된다.

55 명제 내용의 속성이란 화자가 명제 내용의 정보를 상태 정보로 판단하는지 [행동] 정보로 판단하는지를 말한다.

〈표 5〉 행위참여자 기준에 따른 한국어 문장종결법 체계

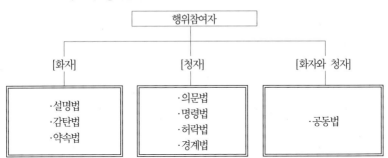

그런데 이에 비해 (4ㄴ) 명제 내용을 일차적으로 고려하면 위처럼 삼분법의 체계가 나오는 것과 달리 이분법의 체계가 나올 수 있다. 다음 <표 6>을 보자.

〈표 6〉 명제 내용 기준에 따른 한국어 문장종결법 체계

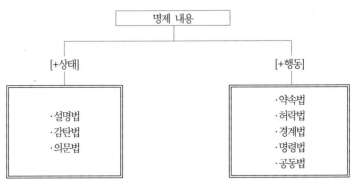

윤석민(2000)에서 한국어 문장종결법을 체계화하는 과정에서 위 <표 6>과 같이 일차적으로 명제 내용의 기준을 적용하였다. 명제 내용 기준이라는 것은 화자가 명제 내용의 속성에 대한 지각을 가리킨다. 화자가 지각하는 명제 내용의 속성이 [+상태]와 [+행동]으로 나눌 수 있다.[56] [+상

태]에 관계된 것은 설명법과 감탄법, 의문법이 있고 [+행동]에 관계된 것은 약속법과 허락법, 경계법, 명령법, 공동법이 있다.

이 책에서는 (4ㄴ) 명제 내용 기준을 일차적으로 고려하여 이분법의 체계를 기술하기로 한다. 이분법의 기술은 삼분법보다 효율성이 뛰어나다고 보기 때문이다. 그리고 일차적으로 명제 내용을 [+상태]와 [+행동]으로 나누는 것은 각각에 속하는 문장종결법끼리 공통적인 담화적 특성을 공유하여 두 체계가 분명하게 갈라지게 한다.[57]

뿐만 아니라 행위참여자는 명제 내용의 소유자나 실현자를 가리키는데 결국 명제 내용의 특성과 관련된다. 화자가 명제 내용을 [+상태]의 정보로 보면 행위참여자는 명제 내용의 소유자가 되고 화자가 명제 내용을 [+행동]의 정보로 보면 행위참여자는 명제 내용의 실현자가 된다.[58] 때문에 행위참여자는 이차적인 기준이 되는 것이 적절하다.

한편 한국어 문장종결법에 비해 중국어 문말어기가 체계화하는 과정에서 아직 위와 같은 절차를 걸치지 않았다. 중국어 문법에서 문말어기와 문장유형을 연결시켜서 연구해 왔다. 문장유형을 통해 문말 어기조사의 의미를 분석하고 문말 어기조사의 의미를 통해 문말어기의 의미를 분석하였다. 그러나 문장유형과 대응되는 문말어기의 유형이 확립되고 나서 또 다시 문말 어기조사를 이용하여 문말어기의 유형을 설명하고 문말어기의 유형을 이용하여 문장유형을 설명하였다.[59]

---

56 [+상태]와 [+행동]은 서로 상보적인 개념이다.
57 [+상태]의 문장종결법과 [+행동]의 문장종결법이 지니는 담화적 특성에 대하여 2.3.2.에서 구체적으로 논의되어 있다.
58 Palmer(1986)에서도 modality를 크게 epistemic modality와 denotic modality 두 가지로 구분하면서 중요한 기준으로 행동에 관한 것인가 아닌가를 살피고 있다. 윤석민 (2000) 참조. Palmer, F. R, Mood and Modality (1st edition), Cambridge University Press, 1986, p.96. 윤석민, 2000, 앞의 책, 65면.

한마디로 중국어에서 문말어기의 체계는 문장유형의 체계에 따라 만들어진다. 다음 <표 7>을 보자.

〈표 7〉 문장유형 체계에 따른 중국어 문말어기 체계

위 <표 7>을 보면 중국어에서 문말어기와 문장유형의 명칭이 일대일로 완전히 겹치는 것을 확인할 수 있다. 黎錦熙(1924)는 어기조사의 기능과 어기의 유형, 그리고 문장유형을 연결시켜서 연구하였다. 그는 문말에 나타나는 어기조사에 따라 다양한 어기가 수행된다고 언급하였다. 이를 기초로 많은 연구가 이루어졌는데 薛兵(2018)에서는 문장유형에 따라 문말어기를 분류한다고 다시 주장하였다. 즉 진술구와 의문구, 감탄구, 기사구에 따라 문말어기는 진술어기와 의문어기, 감탄어기, 기사어기로 나눌 수 있음을 말한다.

위 중국어의 경우와 마찬가지로 한국어에서도 문장유형에 따라 문장종결법을 살펴보는 관점이 있었다. 정인승(1956)에서는 한국어 문장종결법을 베풂법, 물음법, 시킴법, 이끎법 그리고 느낌법으로 나누고 있는데 이는 본질적으로 문장유형에 따라 분류한 것에 해당된다.

그런데 문제점은 문장유형과 문말서법은 다른 범주의 문제이다. 문장

59　다시 말해 중국어 문장유형과 문말어기의 유형은 문말 어기조사와 관계를 지어 순환적인 논증 과정을 거친다.

유형은 형태·통사적 범주의 문제라면 문말서법은 의미·화용적 범주의 문제이다. 문장유형에 따라 문말서법을 나눈다는 것은 두 범주의 차이를 인식하지 못하기 때문이다.

그리고 문장유형에 따라 분류된 문말서법의 담화적 특성을 보면 그들을 좀더 세분화할 수 있는 경우가 보인다. 특히 한국어 베풂법, 즉 평서법과 중국어 진술어기는 청자에 대한 화자의 설명과 약속, 허락, 경계의 심리적 태도를 모두 나타낼 수 있다. 앞의 논의처럼 문말서법을 체계화하는 데 명제 내용을 일차적으로 고려한다면 한국어 평서법과 중국어 진술어기는 화자가 명제에 대한 지각이 [+상태]와 [+행동]인 경우가 포괄적으로 나타난다. 이 외에 중국어 기사어기의 경우에는 청자에 대한 화자의 명령과 공동의 태도를 모두 나타낼 수 있다. 이는 한국어에서 명령법과 공동법을 따로 구분하여 논의하는 것과 다르다.

위와 같은 문제점을 고려하여 중국어 문말어기를 문장유형의 기준이 아니라 한국어 문장종결법의 기준을 적용하여 체계화하기로 한다. 중국어 문말어기와 한국어 문장종결법은 본질적으로 같은 법주의 문제이기 때문이다.[60] 일차적으로 명제 내용 기준을 적용하여 한·중 문말서법을 체계화해 보면 다음 <표 8>과 같이 나올 수 있다.

---

60 중국어 문말어기와 한국어 문장종결법이 같은 법주의 문제라는 것은 그들의 의미를 통하여 알 수 있다. 한국어 문장종결법과 중국어 문말어기의 의미에 대하여 2.1.1. 부분을 참고하기를 바란다.

〈표 8〉 명제 내용 기준에 따른 한·중 문말서법 체계

<표 8>을 보면, 중국어 진술어기는 명제 내용이 [+상태]와 [+행동]의 의미 특성을 모두 지닐 수 있다. 다만 [+상태]의 경우에는 설명의 의미를 나타내고 [+행동]의 경우에는 약속의 의미, 허락의 의미 그리고 경계의 의미를 나타낸다. 그리고 [+행동]에 속하는 기사어기는 명령의 의미와 공동의 의미를 모두 나타낼 수 있다.

그런데 명제 내용 기준만으로는 각각의 문말서법을 변별적으로 인식하기가 어렵다. 한·중 문말서법의 대조 체계를 확립하기 위하여 행위참여자 기준(4ㄱ)을 이차적으로 적용해야 한다. 담화의 행위참여자는 명제 내용의 특성에 따라 다른 특성을 나타낸다. 명제 내용이 [+상태]의 정보라면 행위참여자는 정보의 소유자인데 반해 명제 내용이 [+행동]의 정보라면 행위참여자는 정보의 실현자이다. 행위참여자 기준을 적용한 후에 한·중 문말서법의 대조 체계는 다음 <표 9>와 같다.

〈표 9〉 명제 내용·행위참여자 기준에 따른 한·중 문말서법 체계

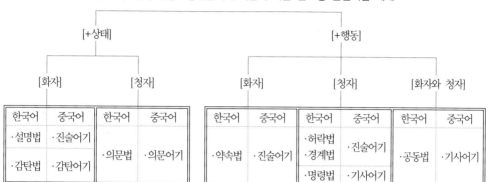

<표 9>를 보면 행위참여자의 기준을 적용하고 나서 여전히 변별적으로 인식하지 못하는 문말서법이 있다. [+상태]의 문말서법의 경우 정보의 소유자가 [화자]인 것들 중에 한국어의 설명법과 감탄법, 중국어의 설명 의미의 진술어기와 감탄어기가 이에 해당된다. [+행동]의 문말서법의 경우 명제 정보의 실현자가 [청자]인 것들 중에 한국어 허락법과 중국어 허락 의미의 진술어기, 한국어 경계법과 중국어 경계 의미의 진술어기, 그리고 한국어 명령법과 중국어 명령 의미의 기사어기가 모두 이에 해당된다.

위의 문제를 해결하기 위하여 윤석민(2000)에서는 명제 내용 기준과 행위참여자 기준을 적용한 다음으로 다음 (5)와 같은 기준들을 적용한 바가 있었다.

(5) ㄱ. 진술 방식 기준: 화자의 진술 방식에 대한 판단[61]
    ㄴ. 주관적 정서 기준: 화자의 전달 태도에 대한 판단[62]

---

61 화자가 명제 내용을 청자에게 [전달]하거나 [요구]할 수 있다.
62 화자가 명제 내용을 전달하거나 요구할 때 자신의 주관적 정서가 나타나는 경우와 나타

(5ㄱ) 진술 방식 기준을 삼차적으로 적용한 것은 그가 행위참여자 기준을 기초로 하기 때문이다. 진술 방식은 전달과 요구로 나눌 수 있는데 전달인가 요구인가 하는 것은 어떤 행위참여자가 중심이 되는가에 따라 자동적으로 결정된다. 진술 방식의 기준을 적용한 다음에 한·중 문말서법의 대조 체계는 다음 <표 10>과 같이 도식화할 수 있다.

〈표 10〉 명제 내용·행위참여자·진술 방식 기준에 따른 한·중 문말서법 체계

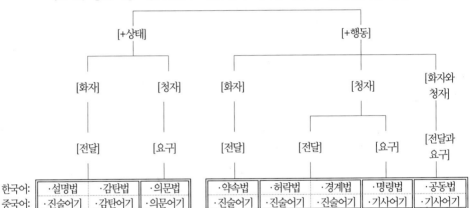

위 <표 10>의 체계로는 대부분의 문말서법을 변별적으로 판단할 수 있다. 그러나 [+상태]의 문말서법 중에 행위참여자가 [화자]이고 진술 방식이 [전달]인 경우에는 한국어의 설명법과 감탄법, 중국어의 설명 의미의 진술어기와 감탄어기가 여기에 속한다. 그리고 [+행동]의 문말서법 중에도 행위참여자가 [청자]이고 전술 방식이 [전달]인 경우에는 한국어의 허락법과 경계법, 중국어의 허락 의미의 진술어기와 경계 의미의 진술어기가 있다.

___

나지 않는 경우가 있다.

그리하여 마지막으로 (5ㄴ) 주관적 정서의 기준을 적용해 볼 필요가 있다. 이 기준은 진술 방식이 [전달]의 경우에만 한하여 적용하기 때문에 진술 방식 기준이 적용된 다음에 적용될 수밖에 없다. 설명법과 설명 의미의 진술어기는 화자가 명제의 정보를 주관적 정서 없이 전달하는 경우에 해당하고 감탄법과 감탄어기는 화자가 명제의 정보를 주관적 정서를 가지면서 전달하는 경우에 해당된다. 한편, 허락법과 허락 의미의 진술어기는 화자가 명제의 정보를 주관적 정서 없이 전달하는 경우에 해당하는 데 반해 경계법과 경계 의미의 진술어기는 화자가 명제의 정보를 주관적 정서를 가지면서 전달하는 경우에 해당된다.

지금까지 논의한 내용을 통하여 한국어 문장종결법과 중국어 문말어기가 각각의 언어에서 완전히 다른 체계로 이루어져 있다는 사실을 알 수 있다. 하지만 서로를 대조하기 위하여 이분법의 대응 체계를 설정할 수 있다. 이 책에서 이러한 이분법 체계를 한·중 문말서법(1)과 한·중 문말서법(2)로 나누어 논의하기로 한다. 한·중 문말서법(1)은 화자가 명제 내용을 [+상태]의 정보로 인식하는 경우를 말하고 한·중 문말서법(2)는 화자가 명제 내용을 [+행동]의 정보로 인식하는 경우를 말한다.[63] 이에 따라 한국어 문장종결법과 중국어 문말어기의 대응 체계는 다음 <표 11>을 보면 알 수 있다.

---

63 이 책에서 한·중 문말서법을 상태 문말서법과 행동 문말서법으로 나누지 않고 문말서법 (1)과 문말서법(2)로 나누기로 한다. [+상태]와 [+행동]은 문말서법의 속성이 아니라 명제 내용의 속성이기 때문이다. 만약 한·중 문말서법을 상태 문말서법과 행동 문말서법으로 나눈다면 [+상태]와 [+행동]은 문말서법의 속성으로 오인할 수 있다. 뿐만 아니라 문말서법(1)에 속하는 문말서법과 문말서법(2)에 속하는 문말서법은 각각 많은 측면에서 공통적인 활용 조건을 지닌다. 이에 대하여 2.3. 부분을 참고하기를 바란다.

〈표 11〉 한 · 중 문말서법의 체계

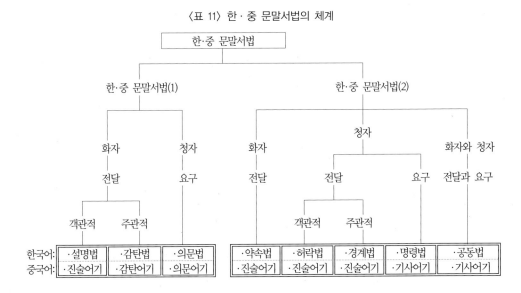

위 도식과 같이 한·중 문말서법(1)에는 한국어 문장종결법 중의 설명법과 감탄법 그리고 의문법이 있고 이들에 대응하는 중국어 설명 의미의 진술어기와 감탄어기 그리고 의문어기가 있다. 이에 비해 한·중 문말서법(2)에는 한국어 문장종결법 중의 약속법, 허락법, 경계법, 명령법 그리고 공동법이 있고 이들에 대응하는 중국어 문말어기는 약속, 허락 그리고 경계 의미의 진술어기와 명령과 공동의 의미를 모두 포함하는 기사어기이다.[64]

---

64 이 책에서 한·중 문말서법을 대조하는 데 <표 11>과 같이 한·중 문말서법(1)과 한·중 문말서법(2)로 나눠서 논의하기로 한다. 한·중 문말서법(1)과 한·중 문말서법(2)에 속하는 각각의 문말서법의 구체적인 이해는 제4장과 제5장에서 논의할 것이다.

2.2. 문말서법과 양태 및 화용양태

한국어 문장종결법과 중국어 문말어기는 양태와 화용양태에 관계된다. 2.1.1.에서 한·중 문말서법의 의미기능을 살펴봤다. 한·중 문말서법의 의미기능은 청자에 대한 화자의 심리적 태도를 실현하는 것이다. 청자에 대한 화자의 심리적 태도는 명제에 관하여 화자가 생각하는 화자와 청자의 관계에 대한 태도이다. 언어학에서 화자의 심리적 태도는 양태라고 한다. 청자에 대한 화자의 심리적 태도도 양태의 일종이다.

문말서법에서 드러내는 청자에 대한 화자의 심리적 태도는 화자의 판단에 결정된다. 그런데 화자의 판단은 맥락(脈絡, context) 또는 상황(狀況, situation)에서 다르게 해석될 수 있다. 문말서법이 맥락 조건에 따라 실현하는 양태 태도는 이 책에서 화용양태라고 부르기로 한다.

2.2.1. 문말서법과 양태

양태는 화자의 심리적 태도를 말한다. 전술한 바와 같이 화자의 심리적 태도는 명제에 대한 것이 있고 청자에 대한 것이 있다. 이들은 한 표현이 지니는 두 가지 측면이다.[65] 문말서법과 관계되는 양태는 청자에 대한 화자의 심리적 태도이다.[66]

---

65 Lyons(1977)에서는 양태에 대하여 'The speaker's opinion or attitude towards the proposition that the sentence expresses or the situation that proposition describes.'라고 말해 명제에 대한 화자의 심리적 태도만 양태로 보고 있다. Lyons, J, Semantics 1, 2, Cambridge University Press, 1977, p.452. 그런데 화자의 심리적 태도는 명제 이외에 청자에 대한 것도 있다. 이 점을 고려하여 윤석민(1996)에서는 화자의 심리적 태도를 명제에 대한 것과 청자에 대한 것으로 나누면서 이들은 한 표현이 지니는 두 가지 측면으로 보았다. 윤석민, 1996, 앞의 논문.

문말서법과 양태의 관계를 밝히기 위해 문말서법에서 드러내는 양태의 정의를 좀더 정밀하게 살펴보겠다. 문말서법에서 드러내는 양태는 다음 (6)과 같은 요소들과 관련된다.

(6) 문말서법에서 드러내는 양태 관련 요소
 ㄱ. 명제 내용
 ㄴ. 화자와 청자의 관계
 ㄷ. 양태 지향성

문말서법의 양태를 이해하기 위하여 첫째로 위 (6ㄱ) 명제 내용부터 살펴봐야 한다. 이때 양태는 청자에 대한 것이지만 명제 내용과 밀접한 관계가 있기 때문이다. 화자가 청자에 대한 태도는 명제 내용에 근거한다고 말할 수 있다. Fillmore(1968 : 24)는 동사와 하나 이상의 격을 가진 명사구를 명제로 보고 있다. 이와 유사한 견해로 임동훈(2003 : 130)은 동사와 동사가 거느리는 논항들(arguments)의 구성체를 명제로 보게 된다.[67] 그리고 최호철(2014 : 321)은 한국어의 일반적인 문장의 결합 구조에서 명제는 '논항+서술어'라고 말하고 있다. 이들의 견해를 받아들여서 이지연(2018)에서는 명제를 서술어와 서술어가 거느리는 논항으로 이루어진 구성으로 정의한다.[68] 예를 들어 보자.

(7) 철수는 지금쯤 밥을 다 먹었겠다. (문병열(2006 : 20))

---

66 선문말서법과 문말서법은 모두 양태를 실현한다. 다만 서로 다른 층위의 양태를 실현하는 것이다. 선문말서법이 실현하는 양태는 명제에 대한 화자의 심리적 태도인 데에 반해 문말서법이 실현하는 양태는 청자에 대한 화자의 심리적 태도이다. 윤석민, 2000, 앞의 책.
67 이때 동사는 형용사도 포함된다.
68 명제에 대한 이러한 이해는 존재론적인 명제이다. 문병열, 2007, 앞의 논문, 19면.

(8) 哲秀现在应该吃完饭了$_{1+2}$。($了_1$+$了_2$>$了_{1+2}$)

위 견해에 따라 위 (7) 한국어의 문장에서 명제는 '철수는 밥을 먹-'까지이고 (8) 중국어의 문장에서 명제는 '哲秀吃饭'뿐이다. 이 주장에 따르면 (7) 한국어의 문장에서 명제에 대한 양태를 실현하는 '-겠-'은 '철수는 밥을 먹음'에 대한 화자의 추측의 태도를 나타내고 청자에 대한 양태를 실현하는 '-다'는 '철수는 밥을 먹음'을 청자에게 설명하는 태도를 나타낸다. 중국어의 문장 (8)도 마찬가지로 양태를 실현하는 부사 '应该'는 '哲秀吃饭'에 대한 추측의 태도를 나타내고 청자에 대한 양태를 실현하는 '了₂'는 '哲秀吃饭'만을 청자에게 설명한다.

그러나 문병열(2007)에서는 위 명제에 대한 견해가 사람들의 직관과 다르다고 말했다. 문병열(2007)에 따르면 사람의 직관은 (7)과 (8)의 문장을 발화한 화자가 '-겠-'이나 '应该'를 사용하여 '철수가 지금쯤 밥을 다 먹음' 또는 '哲秀现在吃完饭'에 대한 주관적인 추측을 하고 있다는 분석을 지지한다. 문병열(2007 : 21)에서 이러한 생각으로 명제를 다음 (9)와 같이 정의하였다.

(9) 문병열(2007)에서 명제에 대한 정의[69]
문장의 용언과 그 논항들 및 부가어로 이루어진 구성체

위 (9)의 주장에 따르면 화자가 '-다'와 '了₂'를 선택한 것은 '철수는 밥을 먹음(哲秀吃饭)'만을 청자에게 설명하는 것이 아니라 '철수가 지금쯤 밥을 다 먹음'이나 '哲秀现在应该吃完饭'을 청자에게 설명하는 것이다.

---

69 문병열(2007)에서는 이러한 명제의 정의를 언어논리학적인 명제라고 말하고 있다. 문병열, 2007, 앞의 논문.

그런데 실제로 사람의 직관이 다를 수 있다. (7)의 경우 설명법을 수행하는 '-다'는 '철수는 지금쯤 밥을 다 먹었겠음'을 청자에게 설명하고 (8)의 경우 설명 의미의 진술어기를 수행하는 '了₂'는 '哲秀现在应该吃完饭了₁'을 청자에게 설명한다. 즉 한국어 문장종결형이나 중국어 문말 어기조사가 앞에 오는 모든 내용에 관계된다. 나아가서 그들로 실현되는 한·중 문말서법이 문장종결형과 문말 어기조사 이외의 모든 내용에 관계된다는 것을 알 수 있다. 그리고 (8) 중국어의 경우 만약 (9)와 같은 명제에 따르면 '了₂'가 '哲秀现在应该吃完饭(철수는 지금쯤 밥을 다 먹어야 함)'을 설명하는 상황이 된다. 그렇다면 화자의 의도와 완전히 달라진다.

그리하여 이 글에서 한·중 문말서법을 검토할 때 명제를 넓은 의미의 개념으로 본다. 즉 문말서법의 실현요소 이외의 내용 전체를 명제로 보기로 한다.[70]

다음으로 문말서법이 수행하는 양태와 관련되는 두 번째 요소 (6ㄴ) 화자와 청자의 관계를 논의하겠다. 문말서법이 나타내는 양태는 청자에 대한 화자의 심리적 태도이지만 명제 정보에서 비롯되어 화자의 화행 의도를 반영한다. 구체적으로 말하자면 다음 (10)과 같은 것들이 있다.

(10) 화자와 청자의 관계[71]
　　[설명] [감탄] [의문] [약속] [허락] [경계] [명령] [공동]

마지막으로 (6ㄷ) 양태 의미의 지향성(指向性, orientedness)과 관련되는

70　이러한 넓은 의미의 명제는 문말서법의 작용역(作用域, scope)과 관련된다. 문말서법의 문법적 기능과 작용역은 (9)의 명제와 그러한 명제에 대한 양태, 시제 등 문장의 전체와 관계된다. 문병열, 2007, 앞의 논문, 20면.

71　화자와 청자의 관계는 한·중 문말서법을 체계화하는 과정을 통해 알 수 있다. 한·중 문말서법의 체계화에 대하여 2.1.2. 부분을 참고하기를 바란다.

문제이다.[72] Lyons(1977)의 정의에 따르면 양태는 화자의 태도만 나타내는 범주이다. 그러나 양태 표현에 따라 양태 의미를 부과하는 주체가 화자 이외에 주어인 경우도 있다. 다음 예문 (11)과 (12)를 보자.

(11) 철수는 왠지 영희가 자기를 좋아하는 것 같다.

(12) 哲秀觉得英熙好像喜欢他。

(11)과 (12)에서 영희가 자기를 좋아하는 것 같은 태도를 지닌 주체는 화자가 아니라 주어인 철수이다. 이에 대표적인 논의로는 Bybee(1994)이 있다. Bybee(1994)는 양태를 화자중심 양태와 행위자중심 양태로 구분하여 행위자가 양태 담지자인 경우도 양태에 포함시켜 논의하였다. 여기서 행위자는 곧 주어를 말한다.

그런데 문말서법이 실현하는 양태의 지향성이 다르다. 문말서법이 실현하는 양태의 담지자는 언제나 화자이다. 이때 양태는 청자에 대한 화자의 심리적 태도이기 때문에 주어가 화자와 동일하지 않으면 양태의 담지자가 될 수 없다.

지금까지 논의한 내용을 정리하여 문말서법으로 실현하는 양태의 특성을 제시하면 다음 <표 12>와 같다.

---

72 양태 의미의 지향성은 양태의 담지자(possessor)라고도 한다. 곧 양태 태도를 가지고 있는 주체를 말한다. 박재연(2004)에서는 양태의 담지자가 누구인지에 따라 누구 지향적 양태라고 규정할 수 있다고 말한다. 박재연, 「한국어 양태 어미 연구」, 서울대학교 박사학위논문, 2004, 33면.

〈표 12〉 문말서법으로 실현하는 양태

관련 요소	의미
명제 내용	문말서법 실현요소 이외의 내용 전체
화자와 청자의 관계	[설명] [감탄] [의문] [약속] [허락] [경계] [명령] [공동]
양태 지향성	화자

한마디로 문말서법은 문장 전체에 작용하여 청자에 대한 화자의 [설명]과 [감탄], [의문], [약속], [허락], [경계], [명령], [공동] 등 심리적 태도를 나타낸다.

2.2.2. 문말서법과 화용양태

화용양태는 문말서법이 맥락 또는 상황에 따라 드러나는 양태 의미이다. 양태는 화자의 판단에 따른 것이라면 화용양태는 맥락이나 상황 조건에 따른 것이다.

한편 화용양태는 화행에서 화자의 의도적 의미를 가리키기도 한다. 화행론에서 화행은 세 가지로 구분되고 있다. 언표 행위(言表 行爲locutionary act)와 언표내적 행위(言表內的 行爲, illocutionary act), 그리고 언표효과 행위(言表效果 行爲, perlocutionary act)가 그것이다. 언표 행위는 구체적 상황에서 음운이나 단어를 문법 규칙에 맞게 발화하여 표현을 만드는 것이고 언표내적 행위는 맥락 속에서 그 언표를 통하여 드러내는 화자의 다양한 의도를 보여 주는 것이며 언표효과 행위는 언표 행위나 언표내적 행위가 청자로 해석됨으로써 청자에게 이끌어 낼 수 있는 반응이다.

이렇게 화행을 나눈다는 것은 우리가 말하는 모든 표현은 표현 그 자체가 뜻하는 것만을 뜻하지 않기 때문이다. 즉 모든 문장은 언표 행위만을 의미하지 않는다. 예문을 들어 보자.

(13) ㄱ. 모니터를 제 앞으로 조금만 당겨주시겠습니까?
　　 ㄴ. 더 좋은 교재론을 쓰기 위해 노력하겠습니다.

　　 ㄱ'. 可以把屏幕稍微往我前面拉一下吗？
　　 ㄴ'. 为写出更好的教材论, 我会努力的。

(13ㄱ, ㄱ')의 문장이 뜻하는 것은 문장 표현 그 자체의 언표 행위인 무엇인가를 묻고 있는 질문함만이 아니다. 이 문장을 발화하는 화자도 질문의 의도가 아니라 청자에게 '모니터를 제 앞으로 조금만 당겨 달라'는 행위를 시키거나 요청하는 의도로 발화를 하는 것이다. 즉 이 문장의 언표내적 행위는 질문이 아닌 명령이 될 수 있는 것이다. 그리고 이 발화의 청자도 이를 질문으로 받아들이지 않고 자신에게 이렇게 해 달라 하는 시킴이나 요청으로 받아들이는 것이 보통이다. 다시 말해 이때 언표효과 행위는 청자가 이 문장을 질문이 아니라 시킴이나 요청으로 해석하고 모니터를 당긴다는 효과 행위를 실행하는 것이다.

마찬가지로 (13ㄴ, ㄴ')도 문장 표현이 뜻하는 것 이외에 다른 뜻이 들어 있다. 문장 언표가 뜻하는 '더 좋은 교재론을 쓰기 위해 노력하겠다'는 의미 이외에 '나는 그 사실을 모르고 있는 너에게 알린다' 정도의 뜻이 들어 있다. 이때 화자의 언표내적 행위는 청자가 모르는 사실을 청자에게 알려 주는 것이다. 그리고 언표효과 행위는 청자가 화자가 더 좋은 교재론을 쓰기 위해 노력하겠다는 사실을 알게 된 것으로 파악할 수 있다.

이렇게 보면 화자가 언표내적 행위를 통하여 전달하려고 하는 언표 이외의 뜻은 화자의 화행 의도로서 한국어와 중국어의 문말서법이 전달하려고 하는 맥락 조건에 따른 화용양태와 유사한 점이 있다. 화행론에서 언표내적 행위를 구체적으로 약속, 요구, 진술, 의문, 감사, 충고, 경고, 인사 그리고 축하 등으로 분류한 바가 있다.

그런데 이러한 분류는 문말서법이 실현하는 양태와 화용양태의 차이를 확실하게 인식하지 못하는 문제점이 있다. 그리고 한·중 문말서법이 나타내는 화용양태를 체계적으로 설명할 수 없고 화용양태의 종류를 모두 포괄할 수 없다. 그리하여 이 책에서 위와 같은 화행론의 이론을 바탕으로 한·중 문말서법이 맥락 조건에 따라 실현하는 화용양태를 체계화하여 제시하기로 한다. 물론 그 전에 문말서법과 화용양태의 관계를 살펴볼 필요가 있다.

문말서법과 화용양태의 관계를 규명하기 위해서는 서법과 양태의 관계부터 출발해야 한다. 서법과 양태의 관계에 대하여 Jespersen(1924 : 313~337)은 서법이 양태를 포함한다고 하고 Palmer(1986 : 21)는 형식과 의미의 관계를 따라 양태의 개념이 서법보다 훨씬 크다고 하여 서법은 양태의 문법 형식 중의 하나라고 한다. 이 책은 Palmer(1986 : 21)의 견해를 동의한다. 앞에도 말했듯이 서법은 화자의 태도를 드러내는 문법범주이다. 양태는 바로 그와 짝을 이루는 의미범주이다.[73]

위처럼 서로 다른 범주에 속하는 서법과 양태는 모두 화자의 심리적 태도를 나타낸다. 서법이 나타나는 심리적 태도는 일상적으로 말하는 태도(attitude)가 아니라 일종의 방식(mode/manner)이다. 어원적으로 볼 때도 서법을 가리키는 영어 'mood'는 방식(manner)을 나타내는 'modus'에서

---

[73] 서법과 양태의 관계는 시제와 시간 지시의 관계처럼 문법범주와 의미범주의 관계를 지닌다. 박진호, 「시제, 상, 양태」, 『국어학회』 60, 2011, 289~322면.

유래한다.[74] 이와 달리 양태가 나타나는 심리적 태도는 방식이나 방법이
아니라 화자가 전달하고자 하는 의도이다.

한 마디로 서법이 실현하는 태도는 화자가 발화를 하는 방법을 말하
고 양태가 실현하는 태도는 이러한 방법을 통해 드러내는 화자의 의도
를 말한다. 문말서법과 화용양태의 관계도 마찬가지다. 문말서법이 나타
내는 심리적 태도는 담화 상황에서 화자가 청자를 대하는 방법을 가리
키고 화용양태는 화자가 이러한 방법으로 청자를 대할 때 맥락에 따라
드러내는 화자의 의도를 말한다. 때문에 문말서법과 화용양태는 서로 짝
을 이루는 문법범주와 화용 의미범주로 볼 수 있다. 도식으로 문말서법
과 화용양태의 관계를 제시하면 다음 <그림 3>과 같다.

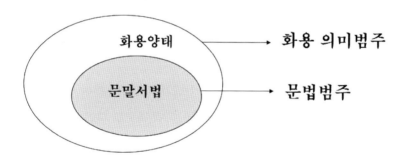

〈그림 3〉 문말서법과 화용양태의 관계

---

74 이에 대하여 Booth(1837)와 Morrison(1878), Kittredge & Farley(1913) 등에서 확인
할 수 있다. Booth, *The Principles of English Grammar*, London: Charles
Knight and Co, 1837, p124. Morrison, *Advanced English Grammar for Use in
Schools and Colleges*, Montana USA: Kessinger Publishing Company, 1878,
p44. Kittredge&Farley, *An Advanced English Grammar: With Exercises*, Boston:
Ginn and Company, 1913, p115.

  <그림 3>과 같이 문말서법은 화용양태를 수행하는 문법범주 중의 하나일 뿐이다.[75] 한국어와 중국어에서 문말서법과 화용양태가 맥락에서 상호작용(相互作用, interaction)하여 일정한 문법요소, 즉 문장종결형과 문말 어기조사가 필요하다. 문말서법과 화용양태의 상호작용적 관계는 다음 <그림 4>와 같이 제시할 수 있다.

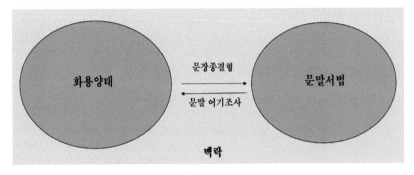

〈그림 4〉 문말서법과 화용양태의 상호작용적 관계

  <그림 4>를 보면 문말서법과 화용양태가 상호작용하여 실현요소인 문장종결형과 문말 어기조사가 선택된다. 구체적으로 다음 예문 (14)를 통하여 살펴보자.

  (14) ㄱ. (뭐하기는) 모두 방에서 공부하고 있지.
      ㄴ. 공자는 위대한 사상가이다.

      ㄱ'. (能干什么)都在房间里学习呢。
      ㄴ'. 孔子是伟大的思想家。

---

75 화용양태를 실현하는 문법범주로 문말서법 이외에 다른 요소들도 있다.

위 예문 (14ㄱ~ㄴ)은 한국어 설명법의 문장이고 (14ㄱ'~ㄴ')는 이에 대응하는 중국어 설명 의미의 진술어기의 문장이다. 이들 예문은 화자가 청자에게 [+상태]의 명제 정보를 전달하여 맥락에서 화용양태를 나타낸다. (14ㄱ)과 (14ㄱ')는 각각 '-지'와 '呢'를 사용하여 화행에서 화자가 명제의 정보 '모두 방에서 공부하고 있다(都在房间里学习)'를 청자에게 알려주는 의미를 드러낸다. 즉 [알림]의 화용양태를 나타낸다.

그런데 이이 비해 (14ㄴ)과 (14ㄴ')는 화자가 '-다'와 무표적인 'Ø'를 사용하여 명제 정보 '공자는 위대한 사상가이다(孔子是伟大的思想家)'를 청자에게 객관적으로 서술하고 있다. 화용양태의 관점에서 보면 [서술]을 나타낸다. 뿐만 아니라 (14ㄱ)과 (14ㄱ')의 경우 [알림] 외에 [+확신시킴]이나 [+강조]의 화용양태도 나타낸다.[76]

이 책에서 위와 같은 한·중 문말서법의 화용양태를 체계화해 보기로 한다. 한·중 문말서법(1)의 경우 설명법·진술어기가 나타내는 화용양태는 [알림]과 [서술]이 있고 의문법·의문어기가 나타내는 화용양태는 [질문]과 [문제제기]가 있다. 이렇게 나누게 된 것은 화자가 설명법·진술어기와 의문법·의문어기를 선택하여 발화할 때 청자에 대한 태도가 적극적이냐 아니냐에 따른 것이다. 즉 화자가 화행에서 청자를 대하는 의도에 의해 분류한 것이다. 이에 비해 감탄법·감탄어기의 경우는 좀 다르다. 감탄법·감탄어기의 경우 화자가 청자를 소극적으로 상정하거나 자기 자신을 청자로 상정하기 때문에 화용양태의 분류는 화자가 청자에 대한 태도를 기준으로 삼지 못한다. 이때 화자가 사태에 대한 태도에 따라 감탄법·감탄어기의 화용양태를 [처음 앎]과 [지각]으로 구분할 수 있다.

---

76 문말서법과 문법형식의 구체적인 상관관계에 대하여는 제4장 한·중 문말서법(1)의 의미·화용적 대조와 제5장 한·중 문말서법(2)의 의미·화용적 대조 부분을 참고하기 바란다.

한·중 문말서법(2)의 경우를 보면 약속법·진술어기가 나타내는 화용양태는 [의지]와 [승낙]이 있고 허락법·진술어기가 나타내는 화용양태는 [허락]이 있으며 경계법·진술어기가 나타내는 화용양태는 [염려]와 [경고]가 있다. 이 외에 명령법·기사어기가 나타내는 화용양태는 [시킴]과 [요청]으로 나눌 수 있고 공동법·기사어기가 나타내는 화용양태는 [권유]와 [제안]으로 나눌 수 있다. 이렇게 한·중 문말서법(2)의 화용양태를 분류한 것은 화자가 화행에서 실현하고자 하는 의도에 따른 결과이다.[77]

그리하여 한·중 문말서법의 화용양태의 분류 양상은 다음 <표 13>과 같이 정리할 수 있다.

<표 13> 한 · 중 문말서법의 화용양태 분류

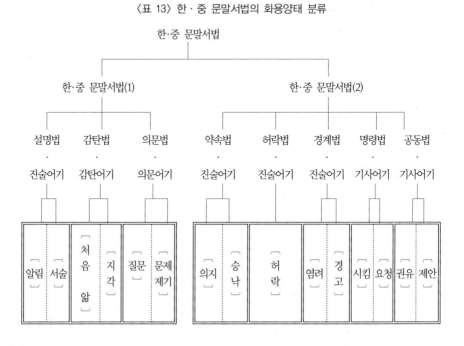

---

77 화용양태의 분류에 대하여 제4장과 제5장에서 구체적으로 논의되어 있다.

지금까지 논의한 내용을 요약하면 문말서법은 화용양태를 나타낸다. 화용양태는 화행론적 관점에서 바라보는 언표내적 행위와 유사하되 언표내적 행위보다 화자의 의도를 위 <표 13>과 같이 체계적으로 설명할 수 있다. 문말서법과 화용양태가 상호작용하여 일정한 문법요소가 사용되는데 문법요소는 맥락에 따라 다양한 화용양태를 나타낼 수 있다.

2.3. 한·중 문말서법의 활용 조건

한국어 문장종결법과 중국어 문말어기를 수행하는 문법요소 문장종결형과 문말 어기조사는 각각의 언어에서 다양한 양상이 보인다. 수가 많을 뿐만 아니라 쓰임도 복잡하다. 그리하여 이 절에서는 그러한 다양성의 원인을 밝히기 위하여 문장종결형과 문말 어기조사의 몇 가지 활용 조건을 검토해 보고자 한다.

2.3.1. 형태 · 통사적 조건

한국어 문장종결형과 중국어 문말 어기조사의 다양한 사용역을 검토하는 기준으로 형태적 조건과 통사적 조건을 고려할 수 있다. 한국어 문장종결형과 중국어 문말 어기조사의 형태·통사적 조건을 살펴봄으로써 제3장에서 다룰 그들의 형태·통사적 대조 특성의 검토에 중요한 기준으로 적용한다.

우선 형태적 조건이다. 형태적 조건으로 한국어 어말어미와 중국어 어기조사가 결합하는 문법요소의 형태적 제약을 고려할 수 있다. 여기에

서술어 제약과 시제 제약을 들 수 있다.

서술어 제약이란 어말어미나 어기조사가 결합하는 서술어 유형의 제약을 말한다. 특히 한국어에서는 문말서법(1)과 문말서법(2)를 실현하는 어말어미가 형태적으로 사뭇 다르다.[78] 문말서법(2)를 실현하는 어말어미들은 [+동작성]을 지니는 동사에만 결합된다. 이는 문말서법(2)의 문말서법은 [+행동]의 명제 정보의 실현과 관련되기 때문이다. 예문을 들어 보자.

(15) 철수야, 학교 가자.

위 예문 (15)에서 '-자'가 전형적인 한국어 공동법 어말어미다. 이때 '-자'는 서술어 '가다'에 결합되어 사용하고 있다. '가다'는 [+동작성]을 지니는 동사이다.

한국어의 경우에 비해 중국어에서 문말서법(1)과 문말서법(2)에 사용되는 어기조사는 형태적으로 뚜렷하게 구분되지 않는다. 그러나 문말서법(2)를 수행할 때 사용되는 어기조사도 [+동작성]의 동사에 결합된다. 다음 예문을 보자.

(16) 我们一起走吧。 (우리 같이 가자.)

'吧'는 전형적인 중국어 기사어기 어기조사다. 위 예문 (16)에서 '吧'는 공동 의미의 기사어기를 수행한다. 이때 '走(가다)'도 [+동작성]을 지니는 동사이다.[79]

---

78 동일한 문장종결형이 문말서법(1)과 문말서법(2)를 모두 수행하는 경우도 있다. 대표적으로 '-어(요)'가 그것이다.

시제 제약의 경우 한국어에서 어말어미가 시제 형태소와 결합하는 제약을 들 수 있다. 이에 비해 중국어에서 어기조사도 시제 요소와 결합할 때 제약을 받는다. 다음 예문을 보자.

(17) 우리가 {하자./*했자./*하겠자.}

위 예문 (17)에서 '-자'는 한국어 문말서법(2)에 속하는 공동법을 실현하는 전형적인 어말어미이다. 그가 시제 형태소 '-었-'과 '-겠-'에 결합되는 데에 제약을 받는다. 이는 논리적인 문제이다.

중국어의 경우 공동 의미의 기사어기를 실현하는 어기조사 '吧'도 과거를 나타내는 '了₁'에 결합되어 사용할 수 없다. 다음 예문 (18)을 통해 살펴보자.

(18) 我们做吧。/?我们做了₁吧。

위 (18)의 경우 '吧'가 과거를 나타내는 '了₁'에 결합되면 공동 의미의 기사어기를 실현할 수 없다.

한편 통사적 조건도 있다. 한국어 문말어미와 중국어 문말 어기조사가 문장의 통사적 구성에 관여한다. 이때 주어 제약과 부정법 제약 등 있다.

주어 제약은 어떤 문말어미나 문말 어기조사가 특별히 주어를 1인칭이나 2인칭을 한정한다는 제약을 의미한다. 이와 같은 주어 제약 조건은 문말어미나 문말 어기조사 자체가 가지는 속성으로 보는 경우도 있지만

---

79 '吧'는 문말서법(1)을 수행하기도 한다. 문말서법(1)을 수행하는 경우에는 '吧'가 [-동작성]을 지니는 서술어에 결합할 수 있다.

전체적으로 볼 때 문말서법에 의존한다.[80] 다음 담화를 보자.

(19) 영희: 저는 이만 갈게요.
철수: 그래, 잘 가자.

(20) 英熙: 我先走了。
哲秀: 好, 走吧。

한국어에서 '-자'는 공동법을 수행하는 것이 일반적이지만 위 (19)의 경우에는 맥락에 따라 철수가 하는 말 '그래, 잘 자'의 주어가 2인칭인 것을 알 수 있다. 이때 '-자'가 명령법을 수행하기 때문이다. 이에 비해 중국어에서 '吧'는 기사어기를 수행할 때 명령의 의미와 공동의 의미를 모두 나타낼 수 있지만 위 (20)의 담화에서 문장 '好, 走吧'의 주어가 2인칭인 것을 알 수 있다. 이때 '吧'도 공동 의미의 기사어기를 수행하는 것이 아니라 명령 의미의 기사어기를 수행하기 때문이다.

그리고 부정법 제약이 있다. 부정법 제약도 주어 제약과 마찬가지로 본질적으로 문말서법에 의존한다. 그리하여 한국어와 중국어에서 특정한 문말서법을 수행할 때 부정법의 방식이 다르다.

(21) ㄱ. 의문법: 물이 {안 나오니?./*나오지 마니.}
ㄴ. 명령법: 거기서 움직이지 말아라./*안 움직여라.

(22) ㄱ. 의문어기: 水不出来吗？/*水别出来吗？
ㄴ. 명령 의미의 기사어기: 在那里别动。/*在那里不动。

---

80 한국어 문장종결형과 중국어 문말 어기조사 중에 형태적으로만 보면 주어의 인칭을 알기 어려운 것들이 있다. 이때 주어의 인칭은 문말서법에 의해 판단할 수 있다. 윤석민, 2000, 앞의 책, 84~86면.

위 (21)을 보면 한국어에서 의문법과 명령법의 문장에서 부정법의 양상이 '안' 부정문의 형태와 '말' 부정문의 형태로 차이난다. 그리고 중국어에서 위 (22)와 같이 의문어기와 명령 의미의 기사어기의 문장에서 부정법의 양상이 각각 '不' 부정문의 형태와 '别' 부정문의 형태로 다르다. 이러한 문말서법과 실현요소의 관계는 매우 규칙적인 모습을 보여준다.[81]

2.3.2. 담화적 조건

한·중 문말서법이 담화와 밀접한 관계가 있듯이 그들의 실현요소 문장종결형과 문말 어기조사의 쓰임도 담화 상황과 밀접한 관계가 있다. 담화적 조건이 여러 가지 있는데 첫째로 대우법 조건이다. 특히 한국어에서 엄격한 대우법 체계를 구비하고 있다.[82] 이 조건에 따라 한국어 문장종결형이 다양하게 사용된다.

(23) ㄱ. 물이 맑습니다.
　　 ㄴ. 물이 맑네.
　　 ㄷ. 물이 맑아.
　　 ㄹ. 물이 맑다.

위 (23)의 예문은 모두 한국어 설명법의 문장들이다. 다른 문장종결형 '-습니다'와 '-네', '-아', '-다'를 사용한다는 것은 무엇보다 청자에 대한 화자의 대우 의도의 차이에 따른 것이다. 담화 상황에서 화자와 청자의

81　구체적인 내용은 제3장을 참고하기를 바란다.
82　한국어에서 대우법은 문장종결법과 마찬가지로 문장종결형으로 실현되는 문법범주이다.

이러한 상호관계는 어느 문장종결법의 실현 경우에도 다 설정될 수 있다. 때문에 대우법 조건은 한국어 문말서법, 즉 문장종결법의 실현에 가장 중요한 원인으로 기능한다.

그런데 중국어에서는 한국어처럼 엄격한 대우법 체계가 구비되어 있지 않는다. 이 사실은 중국어 문말 어기조사가 한국어 문장종결형만큼 풍부하지 못한 이유 중의 하나이기도 한다. 물론 중국어에서도 화자가 청자의 특성을 생각하면서 다른 문말 어기조사를 선택하여 비교적으로 부드럽거나 친절하게 말하는 경우가 보인다.

> (24) ㄱ. 我们什么时候出发?
> ㄴ. 我们什么时候出发呢?
> ㄷ. 我们什么时候出发啊?

위 (24) 중국어 예문은 화자가 '我们什么时候出发(우리 언제 출발하다)'에 대하여 청자에게 물어보는 문장들이다. 이때 문말 어기조사가 영범주 'Ø'의 형식으로 나타나는 것(24ㄱ)보다 '呢'(24ㄴ)나 '啊'(24ㄷ)의 형식으로 나타나는 것이 상대적으로 부드러운 느낌이 있다. 그리고 '呢'에 비해 '啊'가 친절한 느낌을 더해 준다.[83]

둘째로는 행동 유발 가능성 조건이다. 즉 실제 발화를 통하여 어떤 행동이 일어날 수 있느냐의 조건이다. 이 조건은 동일한 문장종결형이나 문말 어기조사가 다양한 문말서법을 나타내는 현상을 분석하는 데에 유용하다. 다음 예문을 보자.

---

83 한국어 문장종결형과 중국어 문말 어기조사의 대우법 기능에 대하여 3.2.1.3.에서 구체적으로 논의되어 있다.

(25) ㄱ. 너는 이 사실을 모르고 있었니?

　　ㄴ. 창문 좀 닫아 주겠니?

(26) ㄱ. 你不知道这个事实吗？

　　ㄴ. 能关一下窗户吗？

　위의 예문 (25ㄱ)과 (25ㄴ)은 동일하게 문장종결형 '-니'를 사용하고 있고 (26ㄱ)과 (26ㄴ)은 동일하게 문말 어기조사 '吗'를 사용하고 있다. 그러나 형태적으로 동일한 '-니'와 '吗'는 각각 다른 문말서법을 수행하고 있다. 예문 (25ㄱ)에서 '-니'를 사용하여 의문법을 수행하는 데에 반해 (25ㄴ)에서 '-니'를 사용하여 명령법을 수행한다. (26ㄱ)과 (26ㄴ) 중국어의 경우도 마찬가지다. (26ㄱ)은 '吗'를 사용하여 의문어기를 수행하지만 (26ㄴ)은 '吗'를 사용하여 명령 의미의 기사어기를 수행한다.

　의문법을 수행하는 '-니'와 '吗'가 행동을 유발하지 않는 데에 비해 (25ㄴ)과 (26ㄴ) 명령법이나 명령 의미의 기사어기를 수행하는 '-니'와 '吗'는 '창문을 닫다(关窗户)'는 행동을 유발할 수 있다.

　셋째로는 화행 유발 가능성 조건이다. 즉 다른 발화를 유발할 수 있느냐를 문제를 삼는 것이다. 이 조건은 동일 형태의 다양한 기능을 설명해 주는 데에 도움이 있다. 다음 예시를 보자.

(27) ㄱ. A: 이보게, 어디 가는가?

　　　B: 시장에 가네.

　　ㄴ. 나 혼자 그 일을 어떻게 하겠는가.

　　ㄷ. 어쩜 저리도 고운가.

(28) ㄱ. A: 喂, 去哪里啊？

　　　B: 去市场。

　　ㄴ. 那件事我自己怎么做啊。
　　ㄷ. 怎么那么漂亮啊。

　위 한국어의 예시 (27)에서 (27ㄱA)와 (27ㄴ), (27ㄷ)은 동일한 문장종결형 '-ㄴ가'를 사용하고 있다. 그러나 그것들은 서로 다른 기능을 하고 있다. (27ㄱA)에서 '-ㄴ가'는 전형적으로 사용되는 예시로서 청자(B)에게 명제 내용 '어디 가다'의 정보를 요구하므로 이어서 그 정보를 담은 다른 화행이 나타날 수 있다. 즉 다른 발화를 유발할 수 있는 것이다. (22ㄱB)를 보면 '시장에 가다'는 발화가 이어서 나타난다. 그러나 (27ㄴ)과 (27ㄷ)의 경우는 다르다. (27ㄴ)과 (27ㄱ)의 경우 뒤에 반드시 다른 화행이 나타나지 않아도 된다. (27ㄱA)는 의문법의 기능을 수행한다면 (27ㄴ)과 (27ㄷ)은 각각 설명법과 감탄법의 기능을 수행한다.

　중국어의 예시 (28)도 마찬가지다. (28)에서 (28ㄱA)와 (28ㄴ), (28ㄷ)에서 모두 동일한 문말 어기조사 '啊'가 사용되고 있다. 다만 그들이 수행하는 기능이 다르다. (28ㄱA)의 경우 '啊'가 사용되어 청자(B)에게 명제 내용 '去哪里'의 정보를 요구하는 기능을 수행하여 다음으로 그 정보를 담은 다른 발화 (28ㄱB) '去市场'가 유발된다. 이와 달리 (28ㄴ)과 (28ㄷ)의 경우 '啊'는 각각 설명 의미의 진술어기와 감탄어기를 수행하므로 다음으로 다른 발화가 유발되지 않는다.

2.3.3. 억양 조건

　억양은 문장 위에 얹히는 높낮이(pitch pattern)의 유형적 형태를 말한다.[84] 한국어와 중국어에서 억양은 문말에서 실현되는 경향이 있기 때문에 문말서법의 실현에 밀접하게 관련된다.

앞에서 언급하듯이 한국어와 중국어에서 동일한 문법요소가 다양한 문말서법을 실현하는 현상이 있다. 그렇다면 같은 형태의 문법요소가 수행하는 다양한 기능이 각각 무엇인지 파악하기가 어려운 경우가 있다. 이때 억양은 문법요소의 기능 표시에 결정적인 조건이 된다.[85] 예문을 들어 보자.

> (29) ㄱ. 난 네 말을 믿어.
> ㄴ. 난 네 말을 믿어?
>
> ㄱ'. 我信你的话啊。
> ㄴ'. 我信你的话啊?

위 (29ㄱ)과 (29ㄴ) 한국어의 예문은 문장종결형이 모두 '-어'이기 때문에 형태만으로는 그것이 수행하는 기능의 차이를 알 수 없다. 그러나 이때 수행 억양을 고려하면 (29ㄱ)과 (29ㄴ)이 각각 설명법과 의문법의 기능을 수행한다는 사실을 알 수 있다. 마찬가지로 (29ㄱ')와 (29ㄴ') 중국어의 예문은 문말 어기조사가 모두 '啊'이기 때문에 형태만 보면 그것이 수행하는 기능을 정확히 파악할 수 없다. 그런데 억양의 조건을 적용하면 (29ㄱ')의 '啊'는 설명 의미의 진술어기, (29ㄴ')의 '啊'는 의문어기를 수행하는 사실을 알 수 있다.

---

84 억양의 정의와 특성에 대하여는 고영근(1993) 참고. 고영근, 1993, 앞의 책, 141~144면.
85 이에 대하여 윤석민(2000) 참고. 윤석민, 2000, 앞의 책, 89면.

제3장

한·중 문말서법의 형태·통사적 대조

한·중 문말서법을 대조하여 연구하려면 그것을 실현하는 문법요소의 형태·통사적 특성을 살펴봐야 한다. 한국어 문장종결형과 중국어 문말 어기조사의 형태·통사적 특성을 살펴봄으로써 한·중 문말서법의 의미· 화용적 특성이 어떻게 실현되는지 그 특성을 알 수 있다. 이러한 관점에 서 보면 여기서 한·중 문말서법의 형태·통서적 특성을 대조한다는 것은 제4장과 제5장에서 이루어질 의미·화용적 대조를 위한 기초 작업의 성 격이 있다.

3.1. 한·중 문말서법의 형태적 대조

한국어 어말어미와 중국어 어기조사의 형태적 특성을 대조하기로 한 다. 어말어미와 어기조사는 각각 한·중 두 언어에서 체계적으로 문장종결법 또는 문말어기의 의미기능을 수행한다. 이렇게 의미기능이 유사한 한국어 어말어미와 중국어 어기조사는 형태적으로도 공통점이 보인다. 그런데 언어 유형의 차이 등 원인으로 서로 다른 점도 많다.

3.1.1. 형태적 제약

한국어 어말어미와 중국어 어기조사는 결합하는 형태 요소가 제약을 받는다. 이러한 제약은 어말어미나 어기조사 자체가 지니는 속성이기도 하지만 문말서법에 의존하는 것이 일반적이다.[86] 여기서 주목하고자 하는 것은 바로 한국어 어말어미와 중국어 어기조사가 문말서법에 따라 받는 형태적 제약이다.

3.1.1.1. 서술어 제약

한·중 문말서법(1)의 경우 어말어미와 어기조사는 서술어 제약을 받지 않는 것이 일반적이다. 이는 문말서법(1)의 의미 특성에 따른 특성이다. 그러나 한국어 어말어미는 서술어 제약을 받는 현상도 종종 보인다. 이는 한국어 어말어미 자체가 지니는 속성이라고 말할 수 있다. 예를 들어 한국어 설명법 어말어미 중에 하게체의 '-이'와 '-ㄹ세'가 서술어 제약을 받는다. 다음 예문 (1)과 (2)를 살펴보자.

(1) ㄱ. 자네를 만나게 되어 기쁘이.
　　ㄴ. *철수가 학교에 가이.

86　한·중 문말서법의 형태적 활용 조건에 대하여 2.3.1.에서 논의되어 있다.

ㄷ. *여보게, 이것이 바로 내가 찾던 캔디이.

(2) ㄱ. 여보게, 이것이 바로 내가 찾던 책일세.
ㄴ. *자네를 만나게 되어 기쁠세.
ㄷ. *철수가 학교에 갈세.

위 예문 (1)에서 어말어미 '-이'는 (1ㄱ)처럼 서술어가 형용사일 때만 사용될 수 있다. 그리고 (2)에서 어말어미 '-ㄹ세'는 (2ㄱ)과 같이 서술 격조사 '-이-' 다음으로 온다. 이러한 분포상의 제약은 공시적으로 그들의 사용이 점점 약해지고 있는 것과 관계가 있다. 그리고 상대적으로 그들은 나이 많은 사람 사이에서 주로 사용되고 젊은 세대는 이 형태 대신 '-네'를 사용하는 경향이 있다.[87] 이에 대응하는 중국어 설명 의미의 진술어기 어기조사는 서술어 제약을 받는 현상이 보이지 않는다.

그리고 한국어 감탄법 어말어미에도 서술어 제약을 받는 경우가 있다. '-로구나'는 '-구나'의 수의적인 변형으로 서술격조사 '-이-' 다음으로 사용된다. 다음 예문 (3)을 보자.

(3) ㄱ. 그가 바로 우리가 찾던 사람이로구나.
ㄴ. 순이도 대학생이로구나.

위 (3ㄱ)과 (3ㄴ)에서 '-로구나'는 모두 서술격조사 '-이-' 뒤에 결합된다. 다시 말해 '-로구나'는 동사와 형용사에 결합하는 데에 제약을 받는다.

이 외에 '-누나'는 형용사와 서술격조사 '-이-'에 결합하지 않고 동사에만 결합한다. 그리고 주로 문어체에서 쓰인다. 다음 예문 (4)를 보자.

---

87 '-이'와 '-ㄹ세'의 사용역이 축소되고 있다는 것은 '-요'와의 통합 가능성을 통하여 설명할 수 있다.

(4) 높아가는 물가에 서민의 허리는 점점 휘어가고 주름살은 점점 깊어
　　가누나.

위 (4)에서 '-누나'는 동사 '깊어가다'의 어간에 결합되어 감탄의 의미
를 나타낸다. 그러나 중국어 감탄어기 어기조사는 이러한 서술어의 제약
을 받지 않는 것이 일반적이다. 마찬가지로 한국어 의문법 어말어미에
대응하는 중국어 의문어기 어기조사도 서술어 제약을 받지 않는다.

　그런데 한·중 문말서법(1)의 경우와 달리 한·중 문말서법(2)를 수행하
는 어말어미와 어기조사는 형태적으로 서술어 제약을 활발하게 받고 있
다. 한·중 문말서법(2)는 기본적으로 [+행동]의 명제 내용을 기술하기
때문에 대부분 동사 서술어, 다시 말해 [+동작성]의 서술어를 취한다.
소수의 경우에만 형용사 서술어를 사용한다. 예를 들어 한국어 명령법
어말어미 '-소서'가 형용사 서술어에 결합하는 경우가 있다. 다음 예문
(5)를 통해 살펴보자.

(5) ㄱ. 어디에 있든지 부디 행복하소서.
　　ㄴ. 변함없이 건강하소서.

위 예문 (5)처럼 소원이나 간청의 뜻을 나타낼 때 한국어 명령법의 어
말어미 '-소서'가 형용사 어간에 결합되어 사용할 수 있다. 그러나 실제
로 (5)의 경우는 [+동작성]의 특성이 강한 경우이다. 이때 형용사 서술
어는 어떤 도달된 상태가 아니라 그러한 상태로 도달하는 것을 요구하
는 경우에 해당된다. 그리하여 (5ㄱ) '행복하소서'라는 것은 '행복하게
되소서' 정도의 의미를 나타내고 (5ㄴ) '건강하소서'라는 것은 '건강하게
되소서' 정도의 의미를 나타낸다. 이에 대응하여 중국어에서도 유사한

상황이 존재한다. 다음 예문 (6)을 보자.

(6) ㄱ. 不管在哪里都要幸福啊。
　　 ㄴ. 要一如既往地健康啊。

위 (6)은 (5)에 대응하는 중국어 명령 의미의 기사어기를 수행하는 문장들이다. 이때 (6ㄱ)의 서술어는 형용사 '幸福(행복하다)'이고 (6ㄴ)의 서술어는 형용사 '健康(건강하다)'이다. 그러나 중국어 예문 (6)은 한국어 예문 (5)와 마찬가지로 행복하게 되라거나 건강하게 되라는 [+동작성]을 지니는 의미를 나타낸다. 문장에 정태동사(情態動詞) '要'를 사용하는 것도 이를 증명한다.

지금까지 논의한 내용을 요약하면 한국어 어말어미와 중국어 어기조사는 문말서법에 따라 서술어 제약을 받는다. 구체적인 특성은 다음 <표 14>와 같이 정리할 수 있다.

〈표 14〉 한 · 중 문말서법의 서술어 제약

한·중 문말서법　　서술어 제약		한·중 문말서법(1)			한·중 문말서법(2)				
		설명법 · 진술어기	감탄법 · 감탄어기	의문법 · 의문어기	약속법 · 진술어기	허락법 · 진술어기	경계법 · 진술어기	명령법 · 기사어기	공동법 · 가사어기
동사		+	+	+	+	+	+	+	+
형용사	[+동작성]	+	+	+	+	+	+	+	+
	[-동작성]	+	+	+	-	-	-	-	-
서술격조사		+	+	+	-	-	-	-	-

위 <표 14>처럼 문말서법에 따라 한국어 어말어미와 중국어 어기조사는 다른 종류의 서술어에 결합한다. 문말서법(1)의 경우 서술어 제약이 비교적 자유로운 데에 반해 문말서법(2)의 경우는 동사 서술어나 [+

동작성]을 지니는 형용사 서술어에 결합하는 것이 보통이다. 물론 위에서 논의한 바와 같이 예외의 경우도 있다.

3.1.1.2. 시제 제약

세제 제약이라는 것은 한국어 어말어미와 중국어 어기조사가 시제 요소와 결합하는 특성을 말한다. 한·중 문말서법(1)을 수행하는 어말어미와 어기조사는 시제 제약을 받지 않는 것이 일반적이다. 소수의 한국어 어말어미가 시제 제약을 받는 현상이 보인다. 예를 들어 한국어 하게체 설명법 어말어미 '-ㄹ세'가 있다. 다음 예문 (7)을 통해 살펴보자.

(7) 여보게, 이것이 바로 내가 찾던 {책일세. *책이었을세. *책이겠을세.}

위 (7)처럼 '-ㄹ세'는 과거 시제를 나타내는 선어말어미 '-었-', 미래 시제를 나타내는 선어말어미 '-겠-'에 결합하면 안 된다. 현제 시제에만 결합한다. 이 외에 한국어 감탄법 어말어미 '-로구나'와 '-누나'도 현재 시제에만 결합된다. 다음 (8)을 보면 알 수 있다.

(8) ㄱ. 순이도 {대학생이로구나. *대학생이었구나. *대학생이겠구나.}
    ㄴ. 야, 눈이 많이도 {내리누나. *내렸누나. *내리겠누나.}

그리고 한국어 의문법의 경우 시제 제약을 받는 어말어미는 의도를 나타내는 '-ㄹ까'이다. 다음 예문 (9)를 보면 알 수 있다.

(9) ㄱ. 내가 도와 줄까?
    ㄴ. *내가 도와 주었을까?

ㄷ. *내가 도와 주겠을까?

한·중 문말서법(1)에 비해 한·중 문말서법(2)를 수행하는 어말어미와 어기조사는 주로 현재 시제에 결합된다.

그리하여 문말서법에 의존하여 한국어 어말어미와 중국어 어기조사가 받는 시제 제약은 다음 <표 15>와 같이 정리할 수 있다.

〈표 15〉 한·중 문말서법의 시제 제약

한·중 문말서법 시제 제약	한·중 문말서법(1)			한·중 문말서법(2)				
	설명법· 진술어미	감탄법· 감탄어기	의문법· 의문어기	약속법· 진술어기	허락법· 진술어기	경계법· 진술어기	명령법· 기사어기	공동법· 가사어기
현재 시제	+	+	+	+	+	+	+	+
과거 시제	+	+	+	−	−	−	−	−
미래 시제	+	+	+	−	−	−	−	−

위 <표 15>와 같이 한국어 어말어미와 중국어 어기조사는 문말서법에 따라 시제 제약을 받는다. 한·중 문말서법(1)의 경우 어말어미와 어기조사는 현재 시제, 과거 시제 그리고 미래 시제 요소에 모두 결합할 수 있다. 그런데 한·중 문말서법(2)의 경우 어말어미와 어기조사는 보통 현재 시제 요소에 결합한다.[88]

---

88 실제 담화 상황에서 한국어 어말어미와 중국어 어기조사는 언제나 <표 15>와 같은 시제 제약을 받는 것이 아니다. 예를 들어 한국어 경계법과 중국어 경계 의미의 진술어기를 수행하는 경우에 어말어미와 어기조사는 과거 세제를 나타내는 문법 요소에 결합하기도 한다. 이에 대하여 5.4. 부분에서 논의하고 있다.

3.1.2. 형태적 분류

한국어에서 어미는 용언 어간에 결합하는 문법요소이다. 형태적으로 단어에 결합하지만 의미기능적으로는 단어 이상의 단위에 결합한다. 이에 비해 중국어에서 조사는 형태적으로 항상 용언에 결합하지 않는데 한국어 어미와 똑같이 의미기능상 단어 이상의 단위에 결합한다.[89]

한편 한국어 어미는 위치에 따라 어말어미와 선어말어미로 나눌 수 있다. 어말어미의 경우 문장을 완전히 끝맺느냐 그렇지 않느냐에 따라 종결어미와 비종결어미로 나눌 수 있다. 비종결어미는 연결어미와 전성어미를 말한다. 그런데 실제로 종결어미는 문장의 중간에도 사용될 수 있다. 그리고 비종결어미는 문장의 끝에도 사용된다.

중국어 어기조사도 그것이 사용되는 위치에 따라 분류할 수 있다. 문장 안에 사용되는 어기조사는 구중어기조사(句中語氣助詞)라고 하고 문장 끝에 사용되는 어기조사는 구말어기조사(句末語氣助詞)라고 한다. 이른바 구중어기조사는 문중, 즉 문장 중간에 사용되는 어기조사를 말하고 구말어기조사는 바로 이 책에서 주목하는 문말 어기조사를 말한다.

위 논의에 의해 위치에 따라 한국어 어말어미와 중국어 어기조사의 분류는 다음 <표 16>과 같다.[90]

---

89 한국어 어말어미와 중국어 어기조사의 이러한 통사적 기능은 3.2. 부분에서 구체적으로 논의되어 있다.

90 한국어 어말어미와 중국어 어기조사의 분류는 각각 고영근·구본관(2015)과 黃伯榮·廖序東(2017)에서 확인할 수 있다. 고영근·구본관, 『우리말 문법론』, 집문당, 2015, 167~179면. 黃伯榮·廖序東, 2017, 앞의 책, 31~34면.

〈표 16〉 위치에 따른 한국어 어말어미와 중국어 어기조사의 분류

위치 구분	문중	문말
한국어 어말어미	비종결어미	종결어미
중국어 어기조사	문중 어기조사	문말 어기조사

위 <표 16>처럼, 한국어 어말어미와 중국어 어기조사는 모두 그것이
문장에 있는 위치에 따라 분류할 수 있다. 한국어의 경우 문중에 사용되
는 비종결어미와 문말에 사용되는 종결어미는 완전히 다른 체계의 어미
로 볼 수 있다. 그러나 중국어의 경우 비록 문중 어기조사와 문말 어기
조사로 나뉘지만 실제로 같은 체계의 어기조사들이 다른 위치에 사용돼
서 다르게 부르는 것일 뿐이다.

앞 1.2.에서 연구 대상을 논의할 때 언급한 바와 같이 비종결어미가
종결어미 역할을 하는 상황은 이 책의 논의 대상이 아니다. 이 글은 종
결어미가 어말어미 역할을 하는 상황만 논의한다.[91] 문말에 사용되는 한
국어 어말어미와 중국어 어기조사는 모두 단일형과 복합형으로 나눌 수
있다. 단일형은 하나의 형태소로 이루어진 것들을 말하고 복합형은 둘
이상의 형태소로 이루어진 것들을 말한다. 우선 단일형의 경우를 살펴보
겠다. 다음 (Ⅰ)을 보자.

---

91 이 책에서 어말어미는 비종결어미를 포함하지 않는다.

(l) 단일형 한국어 어말어미와 중국어 어기조사

　ㄱ. 단일형 한국어 어말어미
　　-다, -네, -오, -ㅂ니다, -구나, -구먼, -구려, -군, -어라, -냐, -ㄴ가, -오,
　　-ㅂ니까, -ㄹ래, -ㄹ까, -마, -ㅁ세, -려무나, -구려, -ㄹ라, -리, -어라,
　　-게, -오, -ㅂ시오, -라, -자, -세, -ㅂ시다, -어, -지

　ㄴ. 단일형 중국어 어기조사
　　① 기본 어기조사: 的, 了, 呢, 吧, 吗, 啊
　　② 이형태: 呀, 哇, 哪1, 罢, 咯, 嘞, 嘿, 呐, 哩, 唡

　　위 (l ㄱ)은 한국어 단일형 어말어미이고 (l ㄴ)은 중국어 단일형 어기조사이다. 중국어 어기조사의 경우 (l ㄴ①)은 기본적 어기조사이고 (l ㄴ②)는 기본 어기조사의 이형태이다.[92]

　　그러나 여기서 주의할 것은 (l ㄱ) 한국어 단일형 어말어미의 경우 원래 둘 이상의 형태소로 구성하되 하나의 단위로 굳어져서 사용하는 것들이 있다. 예를 들어 '-습니다'와 '-습니까'의 경우 '-습-'이 결합되어 있기 때문에 청자를 높이는 의미가 들어가 있다. 그러나 이러한 상황은 양이 한정적이고 또한 이미 하나의 단위로 굳어져서 사용되기 때문에 단일형 어말어미로 볼 수 있다.

　　이 외에 선어말어미 '-시-'와 결합하는 형태 '-십시오'와 '-십시다'도 마찬가지다. '-십시오'는 '-시-'를 제외한 '-ㅂ시오'의 꼴로는 쓰이지 않는다. 그런데 '-십시다'는 '-ㅂ시다'의 꼴로 쓰일 수 있다. 다만 '-시-'의 결합 여부에 따라 높임의 정도가 다르게 나타난다. '-ㅂ시다'는 하게체

92　중국어 기본적 어기조사가 이형태로 교체하는 것에 대하여 3.1.2.2. 부분에서 논의되어 있다.

정도의 높임법, '-십시다'는 하오체 정도의 높임법을 나타낸다. 구체적인
것은 다음 예문 (10)과 (11)을 보면 알 수 있다.

(10) ㄱ. 가십시오/오십시오/잡으십시오…
ㄴ. *갑시오/*옵시오/*잡읍시오…

(11) ㄱ. (나이 많은 상가가 그보다 젊은 부하 직원에게 - 하게체 사용)
이나영 씨, 식사하러 갑시다./?식사허러 가십시다.
ㄴ. (나이 조금 적은 동료가 나이 많은 동료에게 -하오체 사용)
과장님, ?식사하러 갑시다./식사하러 가십시다.

위 (10)과 (11) '-십시오'와 '-십시다'의 경우도 양이 적을 뿐더러 이미
하나의 단위로 사용되는 것이 일반화되기 때문에 더 이상 분석하지 않
아 단일형으로 볼 수 있다.[93]
다음으로 복합형의 경우이다. 복합형 한국어 어말어미와 중국어 어기
조사는 둘 이상의 형태소로 이루는 합성형을 말한다.

(Ⅱ) 합성형 한국어 어말어미와 중국어 어기조사

ㄱ. 합성형 한국어 어말어미
-ㄴ걸/ㄹ걸, -노라, -련, -ㄹ래, -리다/-오리다, -ㄹ게, -엇/앗, -ㄹ 것

ㄴ. 합성형 중국어 어기조사
啦, 吶, 哪2

---

93 '습니다', '습니까', '십시오' 그리고 '십시다'는 합성형으로 보기도 한다. 이종희, 2004,
앞의 논문, 28~31면.

위 (Ⅱ)의 합성형 한국어 어말어미와 중국어 어기조사의 형태소를 분석하면 다음 <표 17>과 같다.

〈표 17〉 복합형 한국어 어말어미와 중국어 어기조사의 형태소 분석

합성형 어말어미	합성형 어기조사
-ㄴ걸/ㄹ걸: -ㄴ/-ㄹ+거(<것)+ㄹ(<을) -노라: -노-+-라 -련: -려+느냐 -리다/-오리다: (-오-+)-리-+-다 -ㄹ게: -ㄹ-+-게 -엇/앗: -어/아+-ㅅ -ㄹ 것: -ㄹ+것	啦: 了+啊 呐: 呢+啊 哪2: 呢+啊

위 <17>에서 한국어 합성형 어말어미는 여러 가지 의존형태소로 구성되어 있다. 이에 비해 중국어 합성형 어기조사는 다른 어기조사가 결합하여 이루어져 있다. 한편 한국어 어말어미 중에 '요-결합형'도 있다. '-어요'와 '-지요'가 이에 해당된다.

지금까지 한국어 어말어미와 중국어 어기조사의 형태적 분류를 논의한 것은 다음 <표 18>과 같이 정리할 수 있다.

〈표 18〉 한국어 어말어미와 중국어 어기조사의 형태적 분류 대조 특성

한국어 어말어미			중국어 어기조사		
단일형	합성형	요-결합형	단일형		합성형
			기본형태	이형태	
-다, -네, -오, -ㅂ니다, -구나, -구먼, -구려, -군, -냐, -오, -ㅂ니까, -ㄹ까, -ㄹ래, -마, -ㅁ세, -려무나, -구려,	-ㄴ걸/ㄹ걸 -노라 -련 -리다/-오리다 -ㄹ게	-어요 -지요	的 了 啊 吗 呢	→咯/嘞 →呀/哇/哪1 →噢 →呐/哩/	啦 呐 哪2

-리, -어라, -게, -오, -ㅂ시오, -라, -자, -세, -ㅂ시다, -어, -지	-엇/앗 -ㄹ 것		吧	咧 →罷	

위 <표 18>처럼 한국어 어말어미와 중국어 어기조사는 모두 단일형와 합성형으로 나눌 수 있다. 여기서 단인형의 경우를 주목할 필요가 있다. 한국어 단일형 어말어미에는 전형적으로 문말에 사용되는 종결어미가 있다. 이에 비해 중국어 단일형 어기조사에는 기본이 되는 6개의 어기조사가 있고 그들의 이형태가 있다.[94]

3.1.3. 형태적 교체

한국어 어말어미와 중국어 어기조사는 문장에서 자립적으로 쓰이지 못하는 문법요소이다. 그들은 선행요소의 특성에 따라 형태적으로 교체하는 현상이 보인다. 한국어 어말어미의 경우에는 용언에 직접 붙고 나타나기 때문에 용언 어간의 특성에 따라 교체한다. 이에 비해 중국어 어기조사의 경우에는 반드시 용언이 아니지만 선행요소의 음운적 특성에 따라 교체한다.[95] 한마디로 한국어 어말어미와 중국어 어기조사는 각각의 언어에서 여러 가지 형태적 교체가 일어난다는 점에서 동일한데 교체가 발생하는 방식이 다르다. 그리고 교체가 없는 경우도 있다.

우선 선행요소와 상관없이 언제나 하나의 형태만 쓰이는 한국어 어말

---

94 중국어 기본 어기조사가 이형태로 교체하는 현상에 대하여 3.1.2.2.에서 구체적으로 논의되어 있다.

95 중국어 어기조사는 항상 용언에 직접적으로 접촉하지 않지만 통사적으로 용언과 밀접한 관계를 지닌다.

어미가 있다. 다음 (12)와 같은 것들이다.

(12) 형태적 교체가 없는 한국어 어말어미:
-네, -니, -마, -게, -자/자꾸나, -세, -지

선행요소의 영향을 받아 형태적 교체가 일어나는 경우를 보면 한국어 어말어미는 선행요소 모음의 종류에 따라 분간될 때가 있다. 보통 선행요소의 모음이 양성모음이면 '-아'를 사용하고 선행요소의 모음이 음성모음이면 '-어'를 사용한다. 이는 모음조화 현상이다. 다음 (13)을 보자.

(13) 양성모음   음성모음
-아(요)   -어(요)
-아라   -어라

그리고 선행요소의 끝소리가 받침의 유뮤에 따라 교체하는 경우가 있다. 다음 (14)를 보자.

(14) 받침 있음   받침 없음
-습니다   -ㅂ니다
-습니까   -ㅂ니까
-읍시다   -ㅂ시다
-으십시오   -십시오
-소   -오

마지막으로 결합하는 단어의 품사 유형에 따라 교체하는 경우가 있다. 다음 (15)와 같은 것들이 있다.

(15) 동사   형용사   명사

    -는구나   -구나   -로구나

    -는구먼   -구먼   -로구먼

    -는군   -군

한국어와 달리 중국어의 경우 어기조사가 형태적 교체가 일어난다는 것은 우선 선행요소의 운모나 운미의 영향 때문에 발음이 변화되어 이형태가 생성하는 현상이 있다. 앞 절에서 말하는 '啊'의 이형태들이 이에 해당되는데 그들의 구체적인 변화 환경이 다음 (16)과 같다.

(16) 啊: e, i, o, ü + a   a→ia   呀

         ao, ou + a   a→ua   哇

         -n + a   a→na   哪1

그리고 구어의 발화 환경에서 화용에 따라 교체되는 것들도 있다. 다음 (17)을 보자.

(17)

呢: ne→na 呐   ne→lie 咧   le→lei 嘞

ne→li 哩   了: le→lo 咯

吗: ma→me 嚜

마지막으로 두 개 이상의 어기조사가 연이어 사용되어 합음으로 새로운 형태가 형성되기도 한다. 다음 (18)과 같은 것들이다.

(18) 了(le)+啊(a)→啦(la)

     呢(ne)+啊(a)→呐(na)

呢(ne)+啊(a)→哪2(na)

지금까지 논의한 한국어 어말어미와 중국어 어기조사가 형태적으로 교체가 일어나는 양상을 정리하여 제시하면 다음 <표 19>와 같다.

〈표 19〉 한국어 어말어미와 중국어 어기조사의 형태적 교체 대조 특성

한국어 어말어미								중국어 어기조사	
교체 없음	교체 있음							교체 있음	
	모음 종류		받침 유무		품사 유형			음변	합음
	양성	음성	유	무	동	형	명		
-네 -니 -마 -게 -자/ 자꾸나 -세 -지	-아(요) -아라	-어(요) -어라	-습니다 -습니까 -소 -읍시다 -으십시오	-ㅂ니다 -ㅂ니다 -오 -ㅂ시다 -십시오	-는구나 -는구면 -는군	-구나 -구면 -군	-로구나 -로구면	呀 哇 哪1 咯 嘞 嘿 呐 哩 咧	啦 呐 哪2

위 <표 19>와 같이 한국어 어말어미와 중국어 어기조사는 형태에 있어 교체가 없는 것이 있고 교체가 있는 것이 있다. 이른바 형태 교체가 없는 어말어미나 어기조사는 언제나 동일한 형태로 나타난다는 것을 가리킨다. 그리고 형태 교체가 있는 어말어미나 어기조사는 상황에 따라 다른 형태로 사용된다는 것을 말한다.

여기서 주목할 것은 한국어 어말어미와 중국어 어기조사 중에 모두 형태 교체 현상이 일어나는 것들이 많은데 서로 교체하는 방식이 다르다는 것이다. 한국어의 경우에는 교체의 기준이 주로 모음조화와 받침 유무 그리고 품사 유형 등 3가지가 있다. 모음조화 기준이란 어말어미의

선행요소가 양성모음이냐 음성모음이냐 하는 기준이고 받침 유무 기준
이란 어말어미의 선행요소가 끝소리에 받침이 있느냐 없느냐 하는 기준
이며 품사 유형 기준이란 어말어미가 결합하는 선행 단어의 품사 유형
의 기준이다.

한국어와 달리 중국어에서 어기조사가 형태적으로 교체가 발생하는
방식은 주로 음변과 합음 두 가지가 있다. 음변이라는 것은 어기조사가
선행요소의 운모 또는 운미의 영향으로 발음이 변화되어 새로운 발음이
생성된다는 것을 말한다. 동시에 새로운 발음과 어울리는 새로운 형태도
생성된다. 그리고 합음이라는 것은 두 개 이상의 어기조사가 연속으로
사용되어 발음이 하나로 융합된다는 것을 말한다. 마찬가지로 발음의 변
화로 인해 새로운 글자가 생성되어 형태의 변화가 일어난다.

3.2. 한·중 문말서법의 통사적 대조

한국어 문말어미와 중국어 문말 어기조사는 형태적으로 보면 단어에
결합하여 사용되지만 통사적으로 보면 문장에 결합한다고 볼 수 있다.

(19) [[아이가 과자를 먹었]**다**].

(20) [[枫叶红]**了₂**]。

위 한국어 예문 (19)에서 문말어미 '-다'는 선문말어미 '-었-'에 결합
하는 것이 아니고 더 나아가서 앞의 동사 '먹다'까지 고려하여 '먹었-'에
결합하는 것도 아니다. 문장 전체 '아이가 과자를 먹었-'에 결합하는 것

이다. 마찬가지로 중국어 예문 (20)의 경우 문말 어기조사 '了₂'는 앞의 형용사 '红'에 결합하는 것이 아니라 '枫叶红' 전체에 결합한다.

즉 한국어 문말어미와 중국어 문말 어기조사는 문장 전체와 관계가 있다. 그리하여 통사적 관점에서 살펴볼 필요가 있다. 여기서는 통사적 관점에서 한국어 문말어미와 중국어 문말 어기조사가 문말서법에 의존하여 받는 제약, 문장에서 수행하는 기능 그리고 통사 구조상의 위상을 살펴보고자 한다.

3.2.1. 통사적 제약

한국어 문말어미와 중국어 문말 어기조사는 각각이 분포되는 문장에서 문말서법에 따라 일정한 통사적 제약을 받는다. 이 글에서 주로 주어 제약과 서법 제약을 논의한다.

3.2.1.1. 주어 제약

한국어 문말어미와 중국어 문말 어기조사는 수행하는 문말서법에 따라 문장의 주어가 제약을 받는 경우가 있다. 특히 한·중 문말서법(1)과 한·중 문말서법(2)로 인해 주어 제약을 받는 양상이 달라진다. 한·중 문말서법(1)의 경우 주어 제약을 받지 않는 것이 보통인 데 반해 한·중 문말서법(2)의 경우 주어 제약을 받는 것이 일반적이다. 구체적으로 다음 <표 20>과 같이 정리할 수 있다.[96]

---

96 <표 20>에서 1인칭, 2인칭 그리고 3인칭은 단수와 복수의 경우 모두 포함한다. 여기서 1인칭 복수를 따로 나눈다는 것은 공동법과 공동 의미의 기사어기의 경우를 분명하게 이해하기 위한 것이다.

〈표 20〉 한·중 문말서법의 주어 제약

한·중 문말서법 주어 제약	한·중 문말서법(1)			한·중 문말서법(2)				
	설명법· 진술어기	감탄법· 감탄어기	의문법· 의문어기	약속법· 진술어기	허락법· 진술어기	경계법· 진술어기	명령법· 기사어기	공동법· 기사어기
1인칭	+	+	+	+	-	-	-	-
2인칭	+	+	+	-	+	+	+	-
3인칭	+	+	+	-	-	-	-	-
1인칭 복수	-	-	-	-	-	-	-	+

위 <표 20>에서 보여주듯이 문말서법(1)과 문말서법(2)에 따라 한국어 문말어미와 중국어 문말 어기조사가 받는 주어 제약이 다르다.[97] 한·중 문말서법(1), 즉 설명법·진술어기, 감탄법·감탄어기 그리고 의문법·의문어기의 문장에서 주어의 인칭은 자유롭게 나타난다. 이에 비해 한·중 문말서법(2)의 경우 좀 복잡하다. 약속법·진술어기의 문장에서 주어는 1인칭이 사용되고 허락법·진술어기와 경계법·진술어기, 명령법·기사어기의 문장에서 주어는 2인칭이 선택된다. 그리고 공동법·기사어기의 문장에서 주어는 1인칭 복수만 가능하다.

3.2.1.2. 서법 제약[98]

한국어 문말어미와 중국어 문말 어기조사가 바로 앞에 있는 단어의 어간 또는 실사에 직접적으로 결합하기도 하지만 다른 선문말어미나 어기조사에 결합하는 경우도 있다. 다시 말해 한국어 문말어미는 그 앞에 선문말어미가 있을 수 있고 중국어 문말 어기조사는 그 앞에 다른 어기

---

97 구체적인 원인과 양상은 제4장과 제5장을 참고하기를 바란다.
98 여기서 서법은 좁은 의미의 개념으로 선문말서법을 말한다.

조사가 있을 수 있다. 문말어미와 선문말어미, 문말 어기조사와 앞에 오는 다른 어기조사의 결합은 규칙이 있다. 즉 문말서법이 선문말서법과 결합할 때 일정한 제약이 있다는 것이다.

한국어와 중국어에서 선문말서법은 다른 범주의 문제이다. 우선 한국어에서 선문말어미로 실현되는 선문말서법은 문말어미로 실현되는 문말서법과 달리 청자에 대한 화자의 심리적 태도가 아니라 명제에 대한 화자의 심리적 태도와 관련된다. 한국어에서 문말서법에 따라 문말어미가 받는 선문말서법 제약은 다음 <표 21>과 같다.

〈표 21〉 한국어 문말서법의 서법 제약

문말서법 / 서법 제약	문말서법(1)			문말서법(2)				
	설명법	감탄법	의문법	약속법	허락법	경계법	명령법	공동법
직설법	+	+	+	-	-	-	-	-
회상법	+	+	+	-	-	-	-	-
추측법	+	+	+	-	-	+	-	-

한국어와 달리 중국어에서 문말 어기조사와 그 앞에 오는 어기조사는 청자에 대한 화자의 심리적 태도와 명제에 대한 화자의 심리적 태도를 모두 나타낼 수 있다. 문말 어기조사와 그 앞에 오는 어기조사는 같은 체계의 문법요소이지만 사용되는 순서가 다를 수 있다. 중국어 어기조사가 문장에서 나타나는 선후 순서, 즉 중국어 어기조사가 문장의 핵심까지의 거리가 다르다는 것이다. 다음 <표 22>에서 중국어 기본 어기조사의 사용 층차(層次)를 제시하고 있다.[99]

〈표 22〉 중국어 기본 어기조사의 사용 층차

사용 층차	기본 어기조사	문법 의미	주요 어기유형	예문
제1층차	的	表示情况本来如此	진술어기	我们不会忘记你们的。
제2층차	了	表示新情况的出现, 起成句煞尾的作用	진술어기 기사어기	树叶黄了。 别说话了。
제3층차	呢	指事实不容置疑、略带 夸张或表疑问	진술어기 의문어기	我没什么, 你才辛苦呢。 去呢还是不去?
	吧	表示疑信之间, 有猜度或商量语气	의문어기 기사어기	天晴了吧? 恐怕小王已经来了吧? 走吧。
	吗	表示疑问	의문어기	你到过北京吗?
	啊	使语气舒缓, 增加感情色彩	감탄어기 의문어기 기사어기 진술어기	多好哇!真好看哪! 谁呀?去不去呀? 来呀。请坐呀! 他不去呀。我管不了哇。

두 개 이상의 어기조사가 연속적으로 사용될 때 어기조사에 어기조사가 결합되는 것이 아니라 문장 구조의 다른 층차에 다른 어기조사가 결합되는 것이다. 예를 들어 문장 '看见他了吧'는 '看见他|了吧'로 분석하면 안 된다. 먼저 '看见他了|吧'로 분석하고 '看见他|了'를 분석하는 것이 적당하다. 다음 예문을 보자.

(21) 唉!这家人真够痛苦的了。(어머, 이 집안 사람들이 정말 고통스럽다.)

위 예문 (21)에서 제1층차 어기조사와 제2층차 어기조사가 같이 쓰인

---

99 중국어 어기조사의 사용 층차에 대하여 黄伯荣·廖序东(2017)을 참고하기를 바란다. 黄伯荣·廖序东, 2017, 앞의 책, 31면.

다. 제1층차의 '的'은 확신의 의미를 나타내고 제2층차의 '了'는 상황의
실현을 나타낸다. 그러나 다음 예문 (22)~(24)는 다르다.

(22) 我不是说一会就来陪您的吗？(조금 있으면 모시러 오겠다고 말했잖
아요?)

(23) 嗨, 我的旧衣裳拆拆改改大概还够穿二十年的呢！
(어이. 내 헌 옷들은 뜯고 고치고 하면 20년을 충분히 입을 수 있을
거거든.)

(24) 你来看我, 要让学校知道了, 对你会有影响的啊！
(네가 나를 보러 온다는 것은 학교에서 알게 되면 너에게 영향을
끼칠 수 있을 거야.)

(22)~(24)에서 제1층차 어기조사와 제3층차 어기조사가 결합되어 쓰
인다. 제1층차 어기조사 '的'은 '본래 이렇다'를 의미하고 제3층차 어기
조사 (22)의 '吗'과 (23)의 '呢', (24)의 '啊'는 각각 의문, 강조, 감탄의
의미를 나타낸다.
이 외에 제2층차 어기조사와 제3층차 어기조사가 결합하는 경우도 있
다. 다음 예문을 보자.

(25) 你听见我刚才说的话了吗？(내가 방금 한 말을 들었어?)

(26) 妈, 你看人家的信了吧？(엄마, 내 편지 봤지?)

(27) 这会子你们怎么老不说话了呀？(요즘 너희들은 왜 좀처럼 말을 안
하니?)

(25)~(27)은 제2층차 어기조사와 제3층차 어기조사의 결합이다. 제2
층차 어기조사 '了'는 '새로운 상황이 출현하다'의 뜻을 나타내는 데 비
해 제3층차 어기조사 '吗'와 '吧', '呀'는 각각 의문, 추측 그리고 불만의
의미를 나타낸다.

또한 제1, 2, 3층차의 어기조사가 동시에 나타나기도 한다. 다음 예문
(28)을 보자.

> (28) 国王和泰国的丞相张仪也亲眼看见的啦。
>   (국왕과 태국 승상 장의도 직접 봤다는 것이었다.)

위 예문 (28)에서 '啦'는 '了'와 '啊'가 합음의 결과이다. 그리하여 '的
啦'는 제1, 2, 3층차의 어기조사가 연속 사용한 결과이다. '的'과 '了'는
각각 확신의 의미와 상황 변화나 실현의 의미를 나타낸다. 이때 문장 어
기의 중점은 끝자리의 '啊'인데 '啊'는 감탄의 의미를 실현한다.

한편 연속 사용하는 어기조사들이 각각 다른 통사적 구조에 결합하는
경우도 있다.

> (29) 你能猜出他怎么走的吗？(너는 그가 어떻게 갔는지 맞춰 볼 수 있
>   니?)

> (30) 你知道他也下海游泳了吗？(너는 그도 바다에 나가서 수영한 걸 알
>   아?)

위 (29)와 (30)에서 '的'과 '了'는 밑줄 친 부분에만 관계되고 '吗'는
전체 문장에 관계된다. 다시 말해 (29)는 '他怎么走的, 你能猜得出吗？'
로 해석할 수 있고 (30)은 '他也下海游泳了, 你知道吗？'로 해석할 수

있다.

3.2.2. 통사적 기능

문말어미와 문말 어기조사는 문장 전체와 관련되어 여러 가지 기능을 수행한다. 대표적으로 문장종결의 기능과 문장유형의 기능 그리고 대우법 기능이 있다. 물론 두 언어에서 문말어미와 문말 어기조사가 이러한 기능을 수행할 때 다른 점도 보인다.

3.2.2.1. 문장종결의 기능

한국어 문말어미와 중국어 문말 어기조사는 공간적으로 보아도 문장을 종결해 준다.

> (31) ㄱ. 엄마, 내 편지 **봤지**?
> ㄴ. 妈, 你看人家的信了**吧**?

(31)의 문장에서 (31ㄱ) 한국어의 경우 문장의 가장 끝자리를 문말어미 '-지'가 차지하고 있고 (31ㄴ) 중국어의 경우도 문장의 마지막 위치를 문말 어기조사 '吧'가 차지하고 있다. 이렇게 두 문장이 각각 '-지'와 '吧'로 종결된다.

다만 한국어 문말어미와 중국어 문말 어기조사가 문장을 종결해 줄 때 완성도의 차이가 있다. 한국어 문말어미는 문장을 종결해 주는 필수적인 문법 성분인 데에 반해 중국어 문말 어기조사는 문장에서 꼭 나타나는 문법 성분이 아닐 수 있다. 예문 (31)의 문장에서 끝자리의 문말어미나 문말 어기조사가 없으면 다른 모습이 나타난다. 다음 (32)를 보다.

    (32) ㄱ. *엄마, 내 편지 봤?
          ㄴ. 妈, 你看人家的信了？

    (32ㄱ) 한국어의 경우 만약 문말어미 '-지'가 없으면 문장이 비문이 된다. 아예 완성된 문장이 아니다. 이와 달리 (32ㄴ) 중국어의 경우 문말 어기조사 '吧'가 없어도 완성된 문장이다. '吧'가 없으면 '了'가 문말 어기조사의 역할을 하여 문장을 종결해 준다고 말할 수도 있으나 실제로 '了'가 없어도 완성된 문장이 성립된다. 다음 (33)을 보자.

    (33) 妈, 你看人家的信？

    보다시피 (33)의 중국어 문장에 문말 어기조사가 없어도 완성된 문장 이다. 물론 문말 어기조사가 있을 때와 없을 때 의미의 차이가 나타난다. 그리고 문말 어기조사가 없을 때 (33)처럼 의문을 나타내려면 억양의 역할이 중요하다.

    중국어의 경우 대부분의 상황에서 실사, 구 그리고 억양만 있으면 문 장이 성립된다. 그러나 중국어에서도 문말 어기조사가 있어야 문장이 성 립된다는 경우가 있다. 이러한 문장의 완성도와 관련되는 문말 어기조 사는 대표적으로 '了$_2$'가 있다.[100] 예를 들어 보자.

    (34) ㄱ. 他做完作业了。(그가 숙제를 다 했다.)

---

100 黃伯榮·廖序东(2017)에서는 어기조사 '了$_2$'가 문장의 완성도에 영향을 미친다고 언급한 바가 있었다. 黃伯榮·廖序东, 2017, 앞의 책, 34면.

ㄴ. 他已经走了好一阵子了。 (그가 간 지 한참 됐다.)

ㄱ'. *他做完作业。
ㄴ'. *他已经走了好一阵子。

(34ㄱ)과 (34ㄴ)은 문말 어기조사 '了₂'가 있기 때문에 완성된 문장이다. 이에 비해 (34ㄱ')와 (34ㄴ')처럼 '了₂'가 없으면 문장이 자연스럽지 못한다. 다른 예문으로 다음 (35)를 들 수 있다.

(35) ㄱ. 秋天了。 (가을이다.)
    ㄴ. 又中秋了。 (또 다시 한가위다.)

ㄱ'. *秋天。
ㄴ'. *又中秋。

(35ㄱ)의 경우 명제 내용은 명사 '秋天(가을)'인데 이에 '了₂'가 붙어 '가을이 되었다'는 사실의 실현을 나타낸다. 이때 (35ㄱ')처럼 '了₂'가 없으면 문장이 완성되지 못한다. 그리고 (35ㄴ)의 경우 명제 내용 '又中秋(또 추석)'인데 이에 '了₂'가 결합하여 '또 추석이 되었다'는 의미가 나타난다. 그런데 (35ㄴ')처럼 '了₂'가 없이 발화하면 부사 '又(또)'가 명사 '中秋(추석)'를 수식하게 되어 문법적으로 불가능하다.

요컨대 한국어 문말어미와 중국어 문말 어기조사는 모두 각각의 언어에서 문장을 종결해 주는 통사적 기능을 수행한다. 다만 한국어의 경우 문말어미는 문장을 종결해 주는 필수적인 성분인 데 반해 중국어의 경우 문말 어기조사는 항상 문장을 종결해 주는 필수적인 성분이 아니다. 중국어에서 특별히 문장의 완성도와 밀접하게 관련되는 문말 어기조사에는 대표적으로 '了₂'가 있다.

3.2.2.2. 문장유형의 기능

한국어와 중국어에서 문장유형과 문말서법이 각각 형식범주와 문법범
주에 속한다. 일반적으로 문장유형은 일정한 문법형식과 화행이 관습적
으로 연관되어 있는 문장 형식이라고 정의된다. 문말서법은 실현요소와
다대다인 복잡한 대응 관계를 이루는 것과 달리 문장유형은 실현요소와
의 대응 관계가 그만큼 자유롭지 않다. 다시 말해 한국어와 중국어에서
문장유형의 분류는 문말어미와 문말 어기조사에 많이 기댄다. 특히 한국
어의 경우 중국어보다 훨씬 엄격한 대응 양상을 보인다.

한국어에서 문장유형을 구분하는 일차적인 기준이 되는 것은 문말
어미라고 알려져 있다.[101] 이 책에서 주목하고 있는 문말어미가 문장유
형과의 관계는 다음 <표 23>과 같이 정리할 수 있다.[102]

〈표 23〉 한국어 문말어미의 문장유형 기능

문장유형	문말어미
평서문	-다, -네, -오, -ㅂ니다, -마, -ㅁ세, -려무나, -구려, -ㄹ라, -리, -어/아, -지
의문문	-냐, -ㄴ가, -오, -ㅂ니까, -어/아, -지
감탄문	-구나, -구먼, -구려, -군, -어/아라, -어/아
명령문	-어/아라, -게, -오, -ㅂ시오, -라, -어/아, -지
공동문	-자, -세, -ㅂ시다, -어/아, -지

예문을 들어 보자.

(36) ㄱ. 아이가 웃는다.
ㄴ. 얘가 네 동생이냐?
ㄷ. 네가 벌써 대학생이구나!
ㄹ. 천천히 먹어라.
ㅁ. 밥을 같이 먹자.

위 (36)의 예문들이 각각 문말어미 '-다', '-냐', '-구나', '-어라', '-자'를 사용함으로써 평서문, 의문문, 감탄문, 명령문 그리고 공동문의 문장을 완성한다. (36ㄱ)의 경우 '-다'를 사용하여 평서문이 되어 '아이가 웃는다'는 사실을 서술하게 되고 (36ㄴ)의 경우 '-냐'를 사용하여 의문문이 되어 '얘가 네 동생이다'라는 내용을 물어보게 된다. 그리고 (36ㄷ)의 경우 '-구나'를 이용하여 '네가 벌써 대학생이다'라는 사실을 감탄하는 감탄문이 만들어진다. 또한 (36ㄹ)과 (36ㅁ)은 각각 '-아/어라'와 '-자'를 사용하여 명령문과 공동문을 만들어서 '천천히 먹다'와 '밥을 같이 먹다'의 행동을 상대방에게 시키거나 요청한다.

그러나 위 <표 23>처럼 동일한 문말어미가 여러 가지 문장유형을 이루는 경우가 있다. 예를 들어 '-어/아'와 '-지'가 있다.

(37) ㄱ. 지금 밥 먹어.
ㄴ. 지금 밥 먹어?
ㄷ. 빨리 밥 먹어.

(38) ㄱ. 나와 같이 가지.
ㄴ. 그만 떠나지.
ㄷ. 저녁 하늘이 참 붉지.

(37)의 예문은 동일한 문말어미 '-어'를 사용하여 다른 문장유형을 이루는 것들이다. (37ㄱ)은 평서문이고 (37ㄴ)은 의문문이며 (37ㄷ)은 명령문이다. 그리고 (38)의 예문들은 동일한 문말어미 '-지'가 다른 문장유형을 이루는 것들이다. (38ㄱ)은 공동문이고 (38ㄴ)은 명령문이며 (38ㄷ)은 평서문이다.

이에 비해 중국어의 경우 다른 점이 있다. 어기조사는 말 그대로 어기를 나타내는 조사이기 때문에 일차적으로 어기의 기능을 수행한다. 그런데 중국어의 어기는 기원적으로 문장유형에서 출발하여 나뉜 것이기 때문에 문장유형과도 밀접한 관계를 가지고 있다.

박기현(2011)에서는 사람이 의사소통을 위해 문장 단위로 말한다고 하였다. 중국어의 경우 의사소통의 목적에 따라 문장은 진술구(평서문), 의문구(의문문), 감탄구(감탄문) 그리고 기사구(명령문과 공동문)로 나뉜다. 문장의 유형은 문말 어기조사의 사용과 밀접한 관계가 있다. 문말 어기조사는 문장유형을 결정할 수 있을 만큼 중요할 수 있다. 이에 따라 중국어 문말 어기조사와 문장유형의 관계를 정리하면 다음 <표 24>와 같다.

〈표 24〉 중국어 문말 어기조사의 문장유형 기능

문장유형	문말 어기조사
진술구	的 了 吧 呢 啊
의문구	吗 呢 吧 啊
감탄구	吧 了 啊
기사구	啊

위처럼 중국어 문말 어기조사는 비록 문장유형과 관계가 긴밀하지만 한국어만큼 엄격한 대응 관계를 이루지 못하고 있다. 문말 어기조사의

사용과 문장의 유형이 복잡한 교체적 관계가 보인다. 기본의 6개 문말 어기조사라고 하더라도 다음과 같이 문장의 유형과 다양한 대응 양상을 보인다. 다음 <표 25>를 보자.

〈표 25〉 중국어 문말 어기조사와 문장유형의 대응 양상

문말 어기조사	문장유형 진술구	의문구	감탄구	기사구
的	+	-	-	-
了	+	-	-	+
啊	+	+	+	+
吗	-	+	-	-
呢	+	+	-	-
吧	-	+	-	+

　　<표 25>와 같이 중국어에서 문장유형인 진수구와 의문구, 감탄구 그리고 기사구에 사용되는 문말 어기조사가 각각 일정하되 서로 교체되는 경우가 있다. 전통적으로 중국어에서 문말어기와 문장유형이 서로 일대일로 완전히 대응하는 관계라고 생각한다. 각각의 실현요소는 모두 문말 어기조사이다.[103]

　　요컨대 한국어와 중국어에서 문말서법의 실현요소 문말어미와 문말

---

103 이에 대하여 黃伯榮·廖序東(1991)과 胡裕樹(1995), 錢乃榮(1995), 邢福義(1997), 邵敬敏(2007)에서 모두 확인할 수 있다. 黃伯荣·廖序东, 『現代汉语(下册)』, 北京 : 高等教育出版社, 1991, 6면. 胡裕树, 『現代汉语(重订本)』, 上海 : 上海教育出版社, 1995, 314면. 钱乃荣, 『汉语语言学』, 北京 : 北京语言学院出版社, 1995, 192면. 邢福义, 『汉语语法学』, 长春 : 东北师范大学出版社, 1997, 121면. 邵敬敏, 『現代汉语通论』, 上海 : 上海教育出版社, 2007, 213면.

어기조사는 통사적으로 문장유형을 결정하는 데에 일정한 역할을 담당한다는 사실을 알 수 있다. 한국어의 경우 비록 동일한 문말어미가 다른 문장유형에 사용되는 현상이 보이나 전체적으로 볼 때 문말어미가 문장유형과 체계적으로 대응이 이루어진다. 이에 비해 중국어에서 문말 어기조사도 문장의 유형을 결정하는 데에 큰 역할을 하나 결국 문말어기의 기능을 일차적으로 수행하기 때문에 문장의 유형을 변별적으로 분류하는 데에는 한국어 문말어미만큼 큰 역할을 하지 못하고 있다.[104]

3.2.2.3. 대우법 기능

대우법은 남을 높여서 대하는 방법을 말한다.[105] 한국어에서 문말어미로 실현되는 대우법 체계를 구비하고 있다. 이에 비해 중국어에서 문말 어기조사는 한국어 문말어미처럼 엄밀하게 대우의 기능을 수행하지 못해도 다른 문말 어기조사의 사용에 따라 어느 정도 존비를 나타내는 경우가 있다.

우선 한국어에서 문말어미를 통해 나타나는 대우법의 양상은 다음 <표 26>과 같다.[106]

---

104 한국어 문말어미와 중국어 문말 어기조사가 문장유형을 결정하는 통사적 기능에 있어 차이가 나더라도 의미·화용적 측면에서 유사한 점이 있다. 한국어 문말어미와 중국어 문말 어기조사의 의미·화용적 대조는 제4장과 제5장에서 진행할 것이다.

105 대우법은 존비법이라고 말하기도 한다. 존비법은 존자와 비자를 대하는 방법이라고 정의된다.

106 <표 26>에서 [ ]에 있는 문말어미는 보충형을 말한다.

〈표 26〉 한국어 문말어미의 대우법 기능

해라체	-는다, -는구나, -ㄴ냐, -어라, -자, -마, -려무나, -아/어라
하게체	-네, -는구먼, -는가, -게, -세, -ㅁ세, -게나, [-리]
하오체	-오, -는구려, [-ㅂ시다], [-리다], -구려, [-리다]
합쇼체	-ㅂ니다, -ㅂㄴ까, -ㅂ시오, [-시지요], [-오라다]
요-결락형 (반말)	-아/어
	-지
요-통합형 (하오·합쇼체)	-어/아요
	-지요(-죠)

〈표 26〉에서 보이듯이 한국어에서 문말어미로 실현되는 대우법에 기본적으로 해라체와 하게체, 하오체, 합쇼체의 4원적 체계가 있다. 해라체는 친족, 계급 및 신분, 연령관계의 존자가 비자를 대할 때 나타나고 하게체는 혼인에 의한 친족, 지위 및 계급, 연령관계의 존자가 비자를 일방적으로 대할 때 나타나며 하오체는 친족과 사회적 직위관계, 지위와 연령이 상치되는 관계에 있을 때 비자가 존자를, 존자가 비자를 일방적으로 높일 때 나타난다. 그리고 합쇼체는 하오체의 기능을 수행하는 일도 있고 특수 계급에만 사용되는 형태도 있다.

이 외에 요-결락형은 앞의 4원적인 대우법을 보완하는 말씨이고 주로 낮추는 의미로 사용하는 반말이다. 이에 반해 요-통합형은 반말인 요-결락형에 종결보조사 '-요'를 결합하 것이고 대체로 하오체와 합쇼체가 나타나는 상황에서 사용된다.

이에 반해 중국어 문말 어기조사는 한국어 문말어미만큼 다원적으로 존비와 관련되지 않는다. 그러나 중국어에서도 문말 어기조사의 사용에 따라 상대적으로 존비를 드러내는 경우가 있다. 일반적으로 존자를 대할 때 기본의 6개 문말 어기조사를 사용하는 것이 안전적이다. 존자에게 사용하면 적절하지 않는 예시 하나를 들어 보면 '呗'가 있다.[107]

> (39) ㄱ. 你想去就去**吧**。(너 가고 싶으면 가.)
> ㄴ. 你想去就去**呗**。(네가 가고 싶다면 가면 되지.)

앞에서 말했듯이 문말 어기조사 '呗'는 '吧'와 '哎'의 합음이다. (39)의 두 문장은 명령을 나타내는 기사문이다. (39ㄱ)은 '吧'를 사용하여 '你想去就去(가고 싶으면 가다)'를 부드럽게 허락하는 것과 달리 (39ㄴ)은 '呗'를 사용하여 화자가 청자의 행동에 대해 별로 관심이 없다는 의미를 나타낸다. 따라서 존자를 대할 때 '呗'보다 '吧'를 사용하는 것이 안전하고 적절하다.

3.2.3. 통사 구조상의 위상

형태적 대조에서 언급했듯이 어말어미와 어기조사는 단독적으로 앞의 요소에 붙기는 하되 다른 어미나 어기조사와 결합하여 붙기도 한다. 따라서 여기서는 서로 결합된 문말어미 또는 문말 어기조사가 앞에 명제와의 구조적 관계도 밝히기로 한다.

한국어 문말어미와 중국어 문말 어기조사라고 말할 때 문말에 대하여 좀더 논의할 필요가 있다. 왜냐하면 문말이라는 위치는 단순히 시가적으로 제일 나중인 끝의 위치를 말하는 것이 아니기 때문이다. 담화의 차원

---

107 '呗(bei)'는 '吧(ba)'와 '哎(ai)'의 합음이다. '哎'는 중국어 문말 어기조사의 기본 형식이 아니기 때문에 이 글에서 '呗'에 대하여 상세적으 논의하지 않기로 한다.

에서 화자가 문장을 생성하는 데에 문말어미나 문말 어기조사가 문장 구조에서 최상위의 자리를 차지한다고 말할 수 있다. 다시 말해 화자가 담화 상황에서 한 문장을 발화하기 전에 제일 먼저 문말어미와 문말 어기조사를 생성한다고 볼 수 있다.[108]

이처럼 문말어미와 문말 어기조사는 각각 한·중 두 언어에서 문장의 끝자리를 채우는 문법요소이다. 그런데 이와 같은 문법요소의 의미와 기능을 살피기 전에 이 자리가 문장 구조상 어떠한 위치를 차지하고 있는지를 밝혀야 한다.

먼저, 한국어의 문장을 구성할 때 제일 나중에 나타나는 요소에 대한 구조적 처리에는 세 가지 가능성이 있다. 다음 (40)을 보자.[109]

  (40) ㄱ. S -> NP - VP, VP -> NP - V, V-> Vst - PE - SE
       ㄴ. S -> NP - VP -SE
       ㄷ. S -> X - SE

(40)과 같은 문장 구조를 구절구조 '영희가 밥을 먹는다'를 통하여 수형도로 설명하면 다음 (41)과 같다.

---

108 화자가 문장을 생성할 때 전달하고자 하는 명제 내용도 중요하지만 상대방을 고려하여 사용하게 되는 문말어미와 문말 어기조사도 중요하다. 이에 대해서 윤석민(2000)에서도 언급한 바가 있었다. 윤석민, 2000, 앞의 책. 구체적인 논의는 제4장과 제5장 의미·화용적 대조 부분에서 다시 진행할 것이다.
109 편의상 문말에 실현되는 요소를 'SE'라고 칭하기로 한다.

(41) ㄱ.

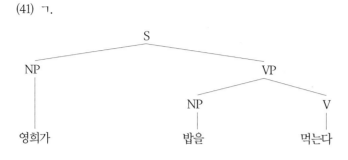

ㄴ.

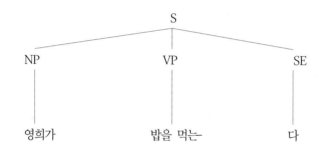

ㄷ.

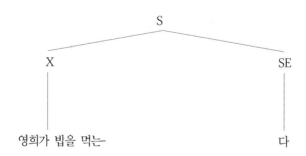

위 (40ㄱ)과 (41ㄱ)은 변형생성문법이 도입되기 이전의 전통적인 연구 견해이다. 이 견해에 의하면 문말에 실현되는 문법요소는 동사의 일

부이다. 즉 문말의 위치를 다른 단어 성분의 끝으로 보는 것이다. (40
ㄴ)과 (41ㄴ)은 문말에 실현되는 문법요소가 통사적으로 문장을 종결해
주는 기능을 인식하게 된다. 이는 문말의 위치가 문장 구성에 있어 중요
한 기능을 담당하고 있다는 것을 인식한 결과라고 말할 수 있다.[110] (40
ㄷ)과 (41ㄷ)은 앞의 결과를 한층 더 발전시킨 것이다. 이 견해는 문말에
실현되는 문법요소의 기능이 앞의 모든 것과 대등한 자격을 지닌다고
보고 있다.

　중국어의 경우도 마찬가지다. 문말에 위치하는 문말 어기조사는 단순
히 문장 끝에 있는 독립된 요소가 아니라 앞의 모든 요소들의 합과 대등
한 자격을 지닌다. 그러나 문장 생성의 측면에서 보면 제일 먼저라고 말
할 수도 있다. 예를 들어 문장 '英熙吃饭啊'의 구조를 보면 한국어 (41
ㄷ)의 구조와 마찬가지다.

　　(42)

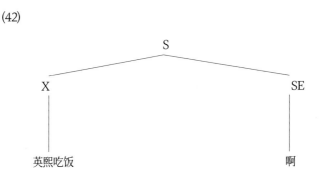

　물론 한국어나 중국어나 문말에 있는 어미와 어기조사는 반드시 (41

110　이익섭·임홍빈(1983)에서 이러한 견해를 볼 수 있다. 이익섭·임홍빈, 『국어문법론』, 학
　　연사, 1983.

ㄷ)과 (42)와 같이 직접 협의의 명제에 붙는 것이 아니다. 한국어의 경우에는 문말어미 앞에 선문말어미가 있을 수 있고 중국어의 경우에는 문말 어기조사 앞에 다시 다른 어기조사가 있을 수 있다. 다음 (43)과 (44)를 보자.

(43) 영희가 밥을 먹었지?

(44) 英熙吃饭了吧？

(43) '영희가 밥을 먹었지'에서 문말어미 '-지'가 '영희가 밥을 먹다'에 직접 붙지 않고 과거를 나타내는 '-었-'에 붙는다. 이에 비하여 (44)에서 문장의 끝에 위치하는 문말 어기조사 '吧'도 마찬가지로 '英熙吃饭'에 직접 붙지 않고 어기조사 '了'의 다음으로 나타난다. 그럼에도 불구하고 문말에 위치하는 한국어의 문말어미와 중국어의 문말 어기조사는 앞의 내용 전체와 대등한 자격을 지니고 있다.[111] 즉 예문 (43)과 (44)의 문장 구조를 살펴보면 다음 (45)와 (46)과 같다.

(45)

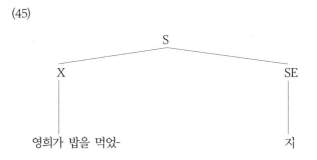

---

[111] 한국어 문말어미와 중국어 문말 어기조사는 앞에 오는 모든 내용, 즉 광의의 명제에 영향을 준다. 이에 대하여 2.2.2. 문말서법과 화용양태에 대한 논의를 참고하기를 바란다.

(46)

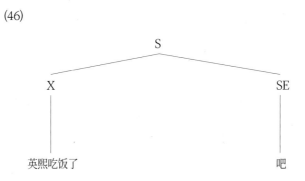

위 (45)와 (46)의 통사구조 분석을 보면 한국어나 중국어의 문말 위치에 각각 문말어미 '-지'와 문말 어기조사 '吧'가 실현되면서 전체적인 문장이 이루어지는 것을 알 수 있다. 즉 한국어의 문말어미와 중국어의 문말 어기조사는 문장의 마지막에 실현되면서 문장의 통사적 구성을 완성하고 있다는 점에서 서로 공통적인 통사적 기능을 하고 있다. 이를 보면 한국어 문말어미와 중국어의 문말 어기조사는 문장구성상 통사적 위상이 동일하다고 생각된다.

그러나 문장의 끝에서 실현되는 마지막 요소라는 공통점에도 불구하고 해당 요소가 수행하는 실제 통사적 기능은 상당히 다르다. 이는 해당 요소에 선행하는 요소의 통사적 특성을 살피면 알 수 있다. (45)에서 한국어의 '-지' 앞에 오는 X, 즉 '영희가 밥을 먹었-'은 통사적으로 완성되지 못한 상태이다. 이는 '-지'가 한국어 문장 구성에서 필수적으로 존재해야 하는 요소임을 말한다.

이에 비하여 (46)의 분석을 보면 해당 분석에서 '英熙吃饭了'는 통사적으로 충분히 하나의 문장 자격을 가진다. 그리고 그 문장은 진술문의 문장유형에 해당한다. 이러한 사실은 이곳의 '吧'가 중국어 문장의 통사적 구성에서 필수적인 요소가 아니라는 것을 보여준다.

결과적으로 한국어의 문말어미와 중국어의 문말 어기조사는 문장의 통사적 구성에서 모두 맨끝에 놓인다는 공통점을 가지지만, 그것이 수행하는 통사적 기능은 서로 같지 않음을 알 수 있다. 한국어의 문말어미가 문장의 통사적 구성에 필수적인 요소일 뿐만 아니라 문장의 유형을 결정하는 통사적 특성을 지니는 요소임에 비하여 중국어의 문말 어기조사는, 문장의 통사적 구성이나 문장유형이 결정된 선행요소에 붙는 수의적인 요소라는 차이가 있다.[112]

다만 한국어와 중국어의 문장 구조가 통사적으로 위계적인 구조를 이루고 있으며 문말에 실현되는 요소를 별도로 분리하여 다룰 수 있음을 지적할 필요가 있다. 한국어 문말어미와 중국어 문말 어기조사는 구체적인 기능은 차이나지만 전체적으로 문말에서 실현되는 요소라는 통사적 특성은 같다. 문말은 문장에서 '제일 먼저'—적어도 나머지 것들 모두로 분화되기 이전의 성분, 즉 X와 대등하게—생성되는 통사적 위치라는 점도 중요하다.

한국어와 중국어에서 문말은 단순히 문장의 통사적 구성이 끝나는 위치가 아니다. 만약 나머지 요소와 대등한 통사적 위상을 갖는 자리에 실현되는 요소라면 그에 맞는 언어적 기능을 수행할 것이다. 따라서 문말의 자리에서 실현되는 문법요소인 한국어 문말어미와 중국어 문말 어기조사는 문장을 넘어서는 문장 이상의 것에 관련되는 정보를 담고 있을

---

112 물론 문장에서 문장유형을 결정하는 기능을 수행하는 문말 어기조사도 존재한다. 예를 들어 (46)의 경우 '了'는 문말 어기조사로서 문장의 유형을 진술문으로 결정하는 요소이다. 각각의 문말 어기조사의 다양한 기능 수행에 대하여는 제4장과 제5장에서 논의될 것이다.

가능성이 있다.

　우리는 그 기능을 문말서법이라고 생각한다. 문말서법은 문말어미와 문말 어기조사가 가지는 통사적 공통점이나 차이점처럼 보편적인 특성과 개별적인 특성을 함께 가지고 있을 것으로 예측할 수 있다. 이에 대하여 의미·화용적 관점에서 좀더 구체적으로 연구할 것이다.[113]

---

113 문말서법의 특성에 대하여 제4장과 제5장에서 구체적으로 다루기로 한다.

한·중 문말서법(1)의 의미·화용적 대조

　문장은 단순히 문장 그 자체로서의 의미 이외에 많은 요소와 관련되어 다양한 의미를 나타낼 수 있다. 그 중에서 명제 내용에 대한 화자의 지각, 즉 명제 내용이 [+상태]의 의미 특성을 지니는지 아니면 [+행동]의 의미 특성을 지니는지에 대한 판단은 화자가 화행을 시작하기 위한 기본적인 절차이다. 이러한 명제 내용에 대한 정보의 성격에 따라 화자의 화행 의도가 달라지기 때문이다.

　다음으로 한·중 두 언어에서 화자가 명제 내용을 [+상태]의 정보로 인식하는 문말서법(1)의 의미 및 특성을 살펴보고 문말서법(1)에 속하는 한국어 문장종결법과 중국어 문말어기가 각각의 언어에서 어떻게 실현되는지 대조하여 서로의 대응 양상을 밝힌다.

4.1. 한·중 문말서법(1)의 의미 및 특성

[+상태]의 특성을 지니는 한·중 문말서법(1)에는 한국어의 설명법과 중국어의 설명 의미의 진술어기, 한국어의 감탄법과 중국어의 감탄어기, 한국어의 의문법과 중국어의 의문어기가 있다. 이들은 뒤에서 논의할 한·중 문말서법(2)와 구분되는 몇 가지 공통적 특성은 다음과 같다.

첫째, 화자는 진술하고자 하는 명제 내용을 [+상태]의 정보로 인식한다. 화자는 이러한 상태의 정보를 진술하는데 어떠한 행동이 일어나서 세계를 달라지게 하지 않는다. 예를 들어 보자.

<blockquote>

(1) ㄱ. 개나리꽃이 핀다.
　　ㄴ. 개나리꽃이 피는구나.
　　ㄷ. 개나리꽃이 피냐?

　　ㄱ'. 迎春花开了。
　　ㄴ'. 迎春花开了啊。
　　ㄷ'. 迎春花开了吗？

</blockquote>

위의 예문 (1ㄱ~ㄷ)은 각각 한국어 설명법, 감탄법, 의문법이 실현되는 문장이고 (1ㄱ'~ㄷ')는 각각 중국어 설명 의미의 진술어기, 감탄어기, 의문어기가 실현되는 문장이다. 이들이 모두 [개나리꽃이 피다(迎春花开)]라는 [+상태] 정보의 명제 내용을 갖는다. 이 발화들을 통하여 화자가 실제로 개나리꽃이 피는 모습을 진술한다.

둘째, 화자가 청자를 적극적으로 인식하기도 하지만 그렇지 않는 경우도 가능하다. 예를 들어 자기 자신을 청자로 하거나 청자가 없어도 되는 경우가 있다.

(2) ㄱ. 공자는 위대한 사상가이다.
　　ㄴ. 논문을 어디다 저장할까?
　　ㄷ. 나는 혼자구나.

　　ㄱ'. 孔子是伟大的思想家。
　　ㄴ'. 论文保存在哪里呢？
　　ㄷ'. 我是一个人啊。

　(2ㄱ)과 (2ㄱ')는 [공자는 위대한 사상가이다(孔子是伟大的思想家)]라는 사실을 진술하는데 화자와 얼굴을 맞대는 대화 공간의 청자가 없어도 가능한 문장들이다.[114] 그리고 (2ㄴ)과 (2ㄴ')는 화자가 [논문을 어디다 저장하다(论文保存在哪里)]라는 것을 스스로에게 물어보는 것이기 때문에 청자는 곧 화자 자신이다.[115] 또한 (2ㄷ)과 (2ㄷ')는 화자가 [나는 혼자다(我是一个人)]라는 것을 감탄하면서 혼잣말을 하는 경우이다.[116]

　셋째, 형태·통사적 제약이 비교적 자유롭다. 이는 [+행동]의 특성을 지니는 문말서법(2)와 비교할 때 그렇다는 것이다. 문말서법(2)의 경우 주어 제약이나 서술어 제약 또는 시제나 서법 형태소들과의 제약이 잘

114　(2ㄱ)과 (2ㄱ')는 각각 한국어 설명법의 문장과 중국어 설명 의미의 진술어기의 문장에 해당된다. 설명법과 설명 의미의 진술어기의 문장들은 화자가 청자를 적극적으로 상정하느냐 아니냐에 따라 그들이 실현하는 화용양태가 [알림]과 [서술]로 나뉠 수 있다. [알림]과 [서술]은 각각 상관적 장면과 단독적 장면의 문제로 볼 수 있다. (2ㄱ)과 (2ㄱ')의 경우는 화자가 청자를 적극적으로 상정하지 않는 단독적 장면에 해당되어 화용양태 [서술]을 나타낸다.

115　(2ㄴ)과 (2ㄴ')는 의문법과 의문어기의 문장이다. 의문법과 의문어기도 화자가 청자를 적극적으로 생각하느냐 아니냐에 따라 각각 화용양태 [질문]과 [문제제기]를 나타낸다. (2ㄴ)과 (2ㄴ')는 화자가 자신을 청자로 생각하는 경우에 해당되어 화용양태 [문제제기]를 나타낸다.

116　(2ㄷ)과 (2ㄷ')는 감탄법과 감탄어기의 문장이다. 감탄법과 감탄어기의 경우 화자가 자신을 청자로 상정한다.

보이는데 문말서법(1)의 경우는 비교적 자유롭다.

지금까지 논의한 내용은 문말서법(1)에 속하는 한국어 문장종결법과 중국어 문말어기들이 지니는 공통적 특성이다.

4.2. 설명법과 진술어기

한국어 설명법에 대응하는 중국어 문말서법은 설명의 의미를 나타내는 진술어기이다. 우선 한국어 설명법과 중국어 설명의 의미를 나타내는 진술어기의 의미를 살펴본다. 다음으로 한국어 설명법과 중국어 설명 의미의 진술어기가 맥락 또는 상황에서 화용양태와 상호작용하여 문법요소가 어떻게 선택되는지를 밝힌다. 마지막으로 설명법과 설명 의미의 진술어기가 선택되는 맥락 또는 상황에서 문장종결형과 문말 어기조사가 어떻게 대응되는지 어떠한 화용양태를 나타내는지를 논의한다.

4.2.1. 설명법·진술어기의 의미

한국어 설명법과 중국어 설명 의미의 진술어기의 의미와 특성을 규명하기 위해 명제 내용과 행위참여자, 진술 방식, 그리고 진술 태도의 기준을 적용하여 살펴볼 필요가 있다.

1) 명제 내용 기준

명제 내용 기준이라는 것은 화자가 문장에 담긴 명제 내용을 [+상태]로 인식하는 것인지 아니면 [+행동]으로 인식하는 것인지의 문제이다.

설명법·진술어기의 경우 화자가 명제 내용을 [+상태]의 정보로 인식할 때 선택되는 문말서법이다. 이는 문말서법(1)에 속하는 한·중 문말서법들이 지니는 공통적인 특성이다. 다음의 예문 (3)을 보면 알 수 있다.

(3) ㄱ. 물이 맑다.
　　ㄴ. 경치가 참 아름답구나!
　　ㄷ. 너는 밥을 먹었니?

　　ㄱ'. 水流清澈。
　　ㄴ'. 景色真美啊！
　　ㄷ'. 你吃饭了吗？

　위 (3)의 예문들 (3ㄱ~ㄷ)은 각각 한국어 설명법과 감탄법, 의문법의 문장들이고 (3ㄱ'~ㄷ')는 각각 중국어 설명 의미의 진술어기와 감탄어기, 의문어기의 문장들이다. 이들 예문들은 모두 [+상태] 정보에 관하여 진술하고 있다. (3ㄱ)과 (3ㄱ')는 '물이 맑다'의 정보를, (3ㄴ)과 (3ㄴ')는 '경치가 참 아름답다'의 정보를, (3ㄷ)과 (3ㄷ')는 '네가 밥을 먹다'는 정보를 각각 진술하고 있다. 화자는 이러한 정보들을 [+상태]의 특성을 지닌다고 인식하고 있다.[117] 이렇게 보면, 명제 내용 기준만으로 설명법·진술어기의 의미를 밝히기에 어려운 점이 있다. 명제 내용 기준 이외에 다른 기준을 적용할 필요가 있다.

117　명제 내용의 의미 특성에 대하여 한마디 더 말하자면 명제 내용 자체가 지니는 의미 특성이 아니라 화자가 명제 내용에 대한 인식, 즉 지각이다. 의문법과 의문어기가 사용되는 문장에서 명제 내용 자체의 의미 특성이 [+행동]인 경우가 있다. 예문 (3ㄷ)과 (3ㄷ')의 명제 정보 '네가 밥을 먹었다'는 자체가 [+행동]의 의미 특성을 지닌다. 그런데 화자는 이러한 [+행동]의 명제 내용을 [+상태]로 인식하고 있다. 왜냐하면 청자에게 화자가 요구하는 것은 밥을 먹는다는 행동이 아니라 밥을 먹었는지 안 먹었는지의 [+상태]의 정보이다.

2) 행위참여자 기준

화행에서 중심적 역할을 담당하는 행위참여자를 보면, 설명법·진술어기는 [화자]가 문장에 담긴 명제 내용이 자신을 중심으로 이루어진다고 생각할 때 선택된다. 그러나 이 기준도 설명법·진술어기만이 지니는 특성이 아니다. 같은 [+상태]의 의미특성을 지니는 감탄법·감탄어기도 [화자]를 중심으로 화행을 이룬다. 다음 예문 (4)를 보자.

> (4) ㄱ. 해가 떠오른다.
> ㄴ. 달이 정말 크고 둥글구나.
>
> ㄱ'. 太阳升起来了。
> ㄴ'. 月亮真的又大又圆啊！

위의 예문 (4ㄱ)과 (4ㄱ')는 각각 한국어 설명법과 중국어 설명 의미의 진술어기가 실현되는 문장이다. 모두 [화자]가 '해가 떠오름'에 대한 인식을 표현하고 있다. 그리고 (4ㄴ)과 (4ㄴ')는 각각 한·중 두 언어에서 감탄법과 감탄어기가 실현되는 문장인데 [화자]가 '달이 크고 둥긂'에 대한 느낌을 표현하고 있다.

이들 모두가 [화자]의 적극적인 화행 참여가 두드러지고 [청자]의 적극적인 참여가 보이지 않는다. 따라서 행위참여자 기준을 더해도 설명법·진술어기를 설명할 수 없다. 다음으로 진술 방식 기준도 적용해 보고자 한다.

3) 진술 방식 기준

진술 방식이란 화자가 명제 내용의 정보에 대하여 청자에게 [전달]을 하는 것인지 [요구]를 하는 것인지를 말한다. 설명법·진술어기는 화자가 명제 내용의 정보를 청자에게 전달하는 경우에 선택된다. 윤석민(2000 : 100)에 의하면 설명의 기능을 구실하는 문말서법은 [전달]의 기준을 더하면 '화자는 자신은 알고 있지만 청자는 전혀 모르거나 완전하게 모르는 문장의 상태 정보에 대하여 그것을 청자에게 전달하려고 함'을 의미한다.

그러나 이러한 진술 방식 기준을 더해도 설명법·진술어기를 변별적으로 설명할 수 없다. 감탄법·감탄어기도 마찬가지로 화자가 [전달]이라는 진술 방식을 선택하고 있다. 다음 예문(5)를 통해 살펴보자.

    (5) ㄱ. 태풍이 와서 비행기가 결항했다.
       ㄴ. 태풍이 와서 비행기가 결항했구나 !

      ㄱ'. 台风来了, 所以航班取消了。
      ㄴ'. 台风来了, 所以航班取消了啊 !

(5ㄱ)과 (5ㄱ')는 한·중 두 언어에서 설명의 문말서법이 실현되는 문장이고 (5ㄴ)과 (5ㄴ')는 한·중 두 언어에서 감탄의 문말서법이 실현되는 문장이다. (5ㄱ)과 (5ㄱ')의 경우는 화자가 명제의 [+상태] 정보 '태풍이 와서 비행기가 결항했다'는 것을 화자가 잘 모르고 있다고 생각하는 청자에게 전달한다. (5ㄴ)과 (5ㄴ')의 경우도 화자가 '태풍이 와서 비행기가 결항했다'는 정보를 처음으로 알게 되어 느끼는 놀라움을 청자에게 전달한다. 때문에 설명법·진술어기와 감탄법·감탄어기를 구분하기

위해 다음으로 진술 태도의 기준도 적용해 볼 필요가 있다.

4) 진술 태도 기준

진술 태도라는 것은 화자가 명제 내용의 전달에 있어 정감적으로 전달하는가 여부를 말한다. 감탄법·감탄어기의 경우 [정감]의 특성을 지닌다는 것에 비해 설명법·진술어기의 경우는 명제의 내용을 비교적으로 단순하게 전달하는 것이 특징이다.

지금까지의 논의를 요약하면 한국어 설명법과 중국어 설명 의미의 진술어기가 가지는 의미 또는 특성은 다음 <표 27>과 같이 정리할 수 있다.[118]

〈표 27〉 설명법 · 진술어기의 의미

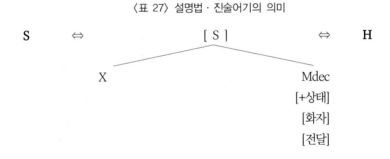

<표 27>처럼 설명법·진술어기는 화자가 자신은 알지만 청자는 전혀

---

118 이 글에서 문말서법의 의미를 설명하는 데 수형도를 이용하기로 한다. 수형도 뿌리 위치의 [S]는 Sentence의 약칭으로 문장을 의미한다. 그리고 좌측에 있는 S는 Speaker의 약칭으로 화자를 가리키고 우측에 있는 H는 Hearer의 약칭으로 청자를 가리킨다. 또한 X는 명제 내용을 나타내고 M는 문말서법을 나타낸다. 여기서 Mdec는 Declaritive Mood의 약칭으로 설명법과 설명 의미의 진술어기를 말한다.

모르거나 완전하게 모르는 [+상태]의 명제 정보를 청자에게 정감 없이 비교적 단순하게 전달할 때 선택되는 문말서법이다.[119]

4.2.2. 설명법 · 진술어기와 화용양태의 상호작용

문말서법은 화자가 청자를 대하는 방식을 말한다. 한국어 설명법과 중국어 설명 의미의 진술어기는 화자가 맥락 또는 상황에서 청자를 설명의 방식으로 대하는 경우에 선택된다. 이러한 설명의 방식은 한·중 두 언어에서 각각 다양한 문장종결형과 문말 어기조사로 실현된다.

문말서법과 문법요소가 연결되면 화용양태를 나타낸다. 설명법·진술어기의 경우 크게 보면 [알림]과 [서술]의 화용양태를 나타낸다. [알림]은 화자가 청자를 적극적으로 상정하는 상황인 상관적 장면에서 실현되고 [서술]은 화자가 청자를 적극적으로 상정하지 않는 상황인 단독적 장면에서 주로 사용된다. 한국어 설명법과 중국어 설명 의미의 진술어기는 화용양태 [알림]나 [서술]과 상호작용하여 다양한 문장종결형과 문말 어기조사가 선택되어 쓰인다. 다음 <그림 5>를 보자.

---

119 설명법·진술어기가 정감 없이 [+상태]의 명제 정보를 전달한다는 것은 감탄법·감탄어기와 비교할 때 상대적으로 하는 말이다. 감탄법·감탄어기는 화자의 정감을 전달하는 것이 특징이다. 감탄법·감탄어기에 대하여 4.3. 부분을 참고하기를 바란다.

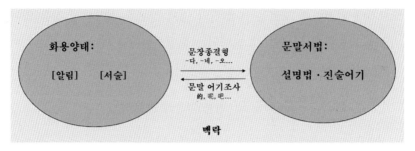

〈그림 5〉 설명법·진술어기와 화용양태 [알림]/[서술]의 상호작용적 특성

<그림 5>처럼 화자가 청자를 설명법·진술어기의 태도 또는 방식으로 대하면 맥락에 따라 [알림]이나 [진술]의 화용양태를 나타낸다. 이러한 화자의 화용양태를 이루기 위해 한·중 두 언어에서 각각 일정한 문장종결형과 문말 어기조사가 선택된다.

4.2.3. 설명법·진술어기의 화용양태

한국어 설명법과 중국어 설명 의미의 진술어기는 화용양태 [알림]과 [서술]을 나타내는 데에 맥락에서 문장종결형이나 문말 어기조사에 따라 더 세부적인 화용양태를 나타내기도 한다. 우선 설명법·진술어기가 [알림]과 [서술]을 실현하는 경우에 문장종결형과 문말 어기조사의 대응 양상을 살펴본다. 다음으로 대응되는 문장종결형과 문말 어기조사가 나타내는 화용양태의 세부적인 차이를 밝힌다.

4.2.3.1. [알림]

설명법·진술어기가 화용양태 [알림]을 나타낼 때 화자가 청자를 적극적으로 상정하는 상황이다. 이때 선택되는 문장종결형과 문말 어기조사, 그리고 그들의 세부적인 화용양태를 살펴보겠다.

① -다, -네, -오, -ㅂ니다 : Ø, 的, 了, 呢

한국어에서 설명법을 나타내는 문장종결형은 우선 종결어미가 있다. 종결어미는 문장의 끝에 위치하여 대우법과 문체법을 표시하는데 '-다'는 해라체, '-네'는 하게체, '-오'는 하오체, '-ㅂ니다'는 합쇼체에 해당된다.[120] 이처럼 '-다'와 '-네', '-오', '-ㅂ니다'가 대우법과 문체법의 측면에서 다르지만 같은 문장종결법인 설명법을 이룰 수 있고 또한 동일한 화용양태 [알림]을 실현할 수 있다. 이에 대응하는 중국어 문말 어기조사는 영범주인 'Ø'가 있고 '的'과 '了', '呢'가 있다. 예문을 들어 보자.

(6) ㄱ. 영희: 철수야, 영수가 한 말이 사실이냐?
　　　철수: 글쎄, 난 잘 모른다.
　　ㄴ. (헤어지며) 자네를 만나게 되어 기뻤네.
　　ㄷ. 당신은 참 예쁘오.
　　ㄹ. 저는 요즘 컴퓨터를 배웁니다.

　　ㄱ'. 英熙：哲秀, 英秀说的话是事实吗？
　　　　哲秀：这个嘛, 我不知道。
　　ㄴ'. (分开的时候)见到你很高兴。
　　ㄷ'. 你真漂亮。
　　ㄹ'. 我最近学习电脑。

120　한국어 종결어미와 대우법, 문체법의 관계에 대하여 고영근·구본관(2015)을 참고하기를 바란다. 고영근·구본관, 『우리말 문법론』, 집문당, 2015, 172~173면.

위 (6)의 예문들은 [알림]을 나타내는 경우에 한국어 문장종결형 '-다', '-네', '-오', 그리고 '-ㅂ니다'가 중국어 문말 어기조사 'Ø'에 대응하는 문장들이다.

이에 비해 그들이 중국어 '的'에 대응하는 경우가 복잡해진다. 중국어 '的'은 설명 의미의 진술어기를 나타낼 때 [알림] 이외에 [+확신]의 의미를 나타내기 때문이다. ≪現代漢語詞典(第7版)≫에서 문말 어기조사로 쓰이는 '的'에 대하여 다음 (7)과 같이 해석하고 있다.

> (7) ❹ 用在陈述句的末尾，表示肯定的语气 :
> (진술구 말에 사용하여 확신(긍정)의 어기를 표시한다:)
> ≪現代漢語詞典(第7版)≫ : 273

예문을 통해 살펴보자.

> (8) ㄱ. 这事儿我知道的。
> ㄴ. 이 일은 내가 안다./아네./알소./압니다.

위 (8ㄱ)처럼 명제 '这事儿我知道' 뒤에 문말 어기조사 '的'를 결합하여 '这事儿我知道的'이라고 하면 화자가 명제에 대해 [+확신]을 가지고 말하는 뜻을 더한다. 이에 비해 한국어 설명법 문장종결형 '-다'와 '-네', '-오', '-ㅂ니다'는 [-확신]의 뜻을 나타낸다.[121]

한편 '了'의 경우도 '-다'와 '-네', '-오', '-ㅂ니다'와 다른 면이 있다. 중국어 '了'는 '了₁'과 '了₂', 그리고 '了₁₊₂'로 나눌 수 있다.[122] 이

---

121 한국어에서 화용양태 [알림]을 나타내면서 [+확신]의 뜻을 나타내려면 억양 조건이나 다른 문법요소를 이용한다.

122 중국어 '了'의 이러한 분류는 黃伯榮·廖序东(2017)에서 볼 수 있다. 黃伯榮·廖序东, 2017,

중에서 '了$_2$'는 전형적인 문말 어기조사이다. '了$_1$'은 동태동사라서 따로 논의하지 않겠지만 동태동사 '了$_1$'과 문말 어기조사 '了$_2$'가 문말에 함께 나타나서 하나로 융합하여 형성된 '了$_{1+2}$'가 논의할 필요가 있다.

우선 '了$_2$'는 설명 의미의 진술어기를 실현하는 문말 어기조사로서 화용양태 [알림]을 나타낼 때 상황의 실현이나 변화의 의미를 나타내기도 한다. 다음 예문을 보자.

> (9) ㄱ. 他吃了$_1$饭了$_2$。
>   ㄴ. 我现在明白他的意思了$_2$。
>   ㄷ. 枫树的叶子红了$_{1+2}$。
>
>   ㄱ'. 그가 밥을 먹었다./먹었네./먹었소./먹었습니다.
>   ㄴ'. 나는 이제 그의 뜻을 알게 됐다./알게 됐네./알게 됐소./알게 됐
>   습니다.
>   ㄷ'. 단풍잎이 빨개졌다./빨개졌네./빨개졌소./빨개졌습니다.

위 예문 (9)에서 (9ㄱ)은 문말 어기조사 '了$_2$'가 상황의 실현을 나타낸다. 화자가 명제 내용이 내타내는 상황 정보 '他吃了$_1$饭'의 실현을 청자에게 알린다. 이에 대응하여 한국어에서 문장종결형 '-다', '-네', '-오', 그리고 '-ㅂ니다'가 모두 가능하되 과거 시제를 나타내는 '-었/았-'을 이용해야 '그가 밥을 먹다'는 상황이 이미 실현함을 나타낼 수 있다.

(9ㄴ)과 (9ㄷ)의 문장에서 '了$_2$'는 상황의 변화를 나타낸다. (9ㄴ)의 경우 '내가 그의 뜻을 모르고 있다가 이제 알게 됐다'는 변화를 나타내고 (9ㄷ)의 경우 '단풍이 빨갛지 않다가 빨개졌다'는 변화를 나타낸다.

앞의 책, 34면.

이러한 변화를 나타내기 위해 한국어에서 양태 표현 '-게 되다'나 '-어/
아지다', 과거 시제 요소 '-었/았-'을 사용한다.

한마디로 중국어 문말 어기조사 '了₂'는 화용양태 [+실현]과 [+변화]
를 나타내는데 이에 대응하는 한국어 문장종결형 '-다, -네, -오, -ㅂ니
다'는 [-실현]과 [-변화]를 나타낸다.

한편 '的'과 '了₂' 이외에 중국어 문말 어기조사 '呢'도 화용양태 [알
림]을 나타내는 동시에 다른 화용양태를 나타낸다. 설명 의미의 진술어
기를 나타내는 문말 어기조사로 쓰이는 '呢'에 대하여 ≪現代漢語詞典
(第7版)≫에서 다음 (10)과 같이 기록하고 있다.

(10) ❷ 用在陈述句的末尾, 表示动作或情况正在继续 :
(진술구 말에 사용하여 동작이나 상황이 계속하고 있음을 표시
한다:)
❸ 用在陈述句的末尾, 表示确认事实, 使对方信服(多含夸张的语气) :
(진술구 말에 사용한다. 사실을 확인하여 상대방으로 하여금 믿
게 만든다(대부분의 경우에 과장의 어기를 포함한다:)
≪現代漢語詞典(第7版)≫ : 943

(10)에서 ❷처럼 중국어 문말 어기조사 '呢'는 청자에 대한 화자의
[알림]의 태도 이외에 명제 정보가 진행하고 있다는 의미도 나타낸다.
다음 예문 (11)을 보자.

(11) ㄱ. 别走了, 外面下着雨呢。 (가지 마. 밖에 비 오고 있거든.)
ㄴ. 가지 마. 밖에 비 오고 있다./오고 있네./오고 있소./오고 있습니
다.

그러나 위 (11ㄱ)의 문장에 문말 어기조사 '呢'가 없어도 명제 내용에

서 드러내는 상황의 진행을 나타낼 수 있다. 여기서 '呢'를 사용한 것은 [+강조]의 화용양태를 나타내기 때문이다.[123] 이에 비해 한국어 문장종결형 '-다, -네, -오, -ㅂ니다'가 상황이 진행하고 있다는 의미를 나타내지 않는다. 진행을 나타내기 위해 (11ㄴ)처럼 '-고 있다'를 사용한다. 그리고 '呢'가 화용양태 [+강조]를 나타내는 것과 달리 '-다, -네, -오, -ㅂ니다'는 [-강조]를 나타낸다.

또한 (10)에서 ❸을 보면 중국어 문말 어기조사 '呢'는 명제의 사실을 확신하고 청자를 확신시킨다는 의미가 있다. 즉 '呢'는 화용양태 [+확신시킴]을 나타낸다. 다음 예문 (12)를 보자.

(12) ㄱ. 收获不小呢。
ㄴ. 수확이 작지 않다./않네./않소./않습니다.

위 (12ㄱ)의 문장에서 문말 어기조사 '呢'를 사용하여 화자가 명제 내용 '收获不小'를 창자에게 알리는 동시에 청자로 하여금 그것을 믿도록 하는 화용양태를 나타낸다. 동시에 [+강조]의 의미도 나타낸다. 이에 비해 (12ㄴ) 한국어의 경우 문장종결형 '-다, -네, -오, -ㅂ니다'를 사용하여 [-확신시킴]을 나타낸다.

위의 논의를 요약하자면 설명법·진술어기가 화용양태 [알림]을 나타낼 때 한국어 문장종결형 '-다, -네, -오, -ㅂ니다'에 대응하는 중국어 문말 어기조사는 'Ø, 的, 了, 呢'가 있다. 그런데 '-다, -네, -오, -ㅂ니다'와 'Ø'가 화용양태 [알림]만을 나타내는 것과 달리 '的, 了, 呢'는 화용양태

---

123 '呢'가 [+강조]를 나타내는 점에 대하여 金智姸(2011)과 薛兵(2018) 참고. 특히 薛兵(2018)에서는 '呢'가 지니는 [+강조]를 화용양태로 보고 있다. 金智姸, 2011, 앞의 논문. 薛兵, 2018, 앞의 논문.

[알림]뿐만 아니라 나름대로 다른 화용양태도 나타낸다.[124]

　② -어/아(요) : Ø, 的, 了, 呢

화용양태 [알림]을 나타낼 때 한국어 설명법 문장종결형 '-어/아(요)'에 대응하는 중국어 문말 어기조사는 'Ø, 的, 了, 呢'이다. 위 ①의 경우와 마찬가지다. 여기서 '어/아(요)'를 따로 논의한다는 것은 형태상으로는 그것이 설명법인지 아닌지를 알기 어렵기 때문이다.[125] 억양 조건을 고려할 필요가 있다. 설명법을 수행하는 '-어/아요'는 하향조의 억양을 가진다.[126]

　③ -지(요) : 吧, 的, 呢

한국어 문장종결형 '-지(요)'는 '-어/아요'와 마찬가지로 형태상으로 그것이 어떤 문말서법을 수행하는지 알 수 없다. 이에 대응하는 중국어 문말 어기조사 '吧'도 그렇다. 그들이 설명법·진술어기를 수행할 때 하양조의 억양을 가진다. '-지(요)'와 '吧'가 나타내는 화자의 심리적 태도를 알아보기 위하여 예문을 들어 보자.

(13) 그녀도 과거에는 참 예뻤지(요).

124 　'-다, -네, -오, -ㅂ니다'와 'Ø'가 [알림] 이외에 다른 화용양태를 나타내지 않다는 것은 억양 등 다른 담화 조건을 고려하지 않는 상황을 말한다.

125 　'-어/아(요)'는 다양한 문장종결법을 수행한다. 윤석민, 2000, 앞의 책, 119면.

126 　하향조의 억양은 다른 설명법이나 설명 의미의 진술어기가 가지는 공통적 억양 특성이다. '-어/아(요)'는 다양한 문장종결법을 수행하는데 하향조의 억양을 가지면 그가 설명법을 수행하는 것을 알 수 있다.

(14) 她也以前很漂亮吧。(그녀도 과거에는 참 예뻤겠지(요).)

위 예문 (13)과 (14)는 같은 명제 내용 '그녀도 과거에는 참 예쁘다'를 가지고 있다. (13)의 경우 화자가 명제 내용 뒤에 '-지(요)'를 결합하여 발화한 것은 화자가 적극적으로 인식하는 청자에게 자신이 확신하는 명제를 알리기 위한 것이다. 동시에 청자가 명제 내용에 대한 신뢰를 증가시키고자 한다. 다시 말해 '-지(요)'는 명제에 대한 화자의 [+확신]의 태도와 청자에 대한 [알림]과 [+확신시킴]의 태도를 나타낸다.

이에 비해 (14)의 경우 (13)과 같은 명제 내용 '她也以前很漂亮(그녀도 과거에는 참 예쁘다)' 뒤에 '吧'가 결합되어 발화한다. 이 문장에서 화자가 명제 정보에 대해 어느 정도 확신하면서도 추측하는 태도가 드러난다. 그리고 청자에게 명제 내용을 알리는 태도를 나타낸다. 다만 '-지(요)'와 비교할 때 '吧'는 청자에게 명제 내용을 신뢰시키고자 하는 태도를 나타내지 않는다. 왜냐하면 화자도 명제 내용에 대하여 완전하게 알지 못하고 의심을 품고 있기 때문이다. 이에 대하여 다음의 예문 (15)와 (16)을 통해 알 수 있다.

(15) 나는 옛날부터 그녀를 봐 와서 아는데 그녀도 과거에는 참 예뻤지 (요).

(16) *我以前就认识她, 她也以前很漂亮吧。

(15)에서 보이듯이 '나는 옛날부터 그녀를 봐 왔다'는 근거가 있을 때도 명제 '그녀도 과거에는 참 예쁘다' 뒤에 '-지(요)'가 자연스럽게 결합될 수 있다. 그런데 (16)의 경우에는 '吧'가 결합되면 문장이 성립되지

못한다. 이는 '-지(요)'가 화자가 이미 알고 있는 명제 정보를 청자에게 알리는데 반해 '吧'는 화자가 완전하게 알지 못하는 정보를 청자에게 알리기 때문이다. 화자가 과거부터 직접 경험해 온 일이라면 (15)처럼 '-지(요)'를 사용하여 확신이 가능하지만 (16)처럼 '吧'를 사용하여 추측이 불가능하다. 이때 [+추측]을 함축하는 '吧'가 '-겠지' 정도의 의미와 기능을 수행한다. 다음 예문을 보자.

(17) 그녀도 과거에는 참 예뻤겠지(요).

(18) *나는 옛날부터 그녀를 봐 와서 아는데 그녀도 과거에는 참 예뻤겠지(요).

위 예문 (17)은 자연스럽게 성립되는데 (18)은 자연스러운 문장이 아니다. 왜냐하면 선문말어미 '-겠-'이 [+추측]의 의미를 포함하기 때문이다. (17)처럼 화자가 자신도 모르거나 완전하게 알지 못하는 명제에 대하여 당연히 [+추측]의 태도를 가질 수 있으나 (18)처럼 이미 과거부터 알고 있는 명제를 추측할 수 없다. 따라서 (17)와 (18)은 각각 (14)와 (16)에 해당된 상황이라고 생각된다. 다만 '吧'를 선택한 화자는 명제 내용에 대하여 [+추측]보다 [+확신]의 태도가 좀더 강하다.[127] 그럼에도 '-지(요)'와 비교할 때는 [+확신]의 태도가 소극적이다.

---

[127] 陆俭明(1984)에서 '吧'가 진술구에서 나타날 때 문장의 어기가 '信多于疑'라고 언급하였다. 이른바 '信多于疑'는 의심보다 확신이 크다는 말이다. '吧'는 진술구와 의문구에서 나타나고 모두 추측적 의미를 실현하되 진술구에서는 단순히 '疑', 즉 의심에 그치는데 의문구에서는 의심에만 그치지 않고 '问', 즉 의문까지 나아간다. 따라서 진술구에서 '吧'로 실현되는 명제 내용에 대한 화자의 태도는 의심보다 확신이 좀더 강하다고 생각된다. 陆俭明, 「关于现代汉语里的疑问语气词」, 『中国语文』, 1984.

위의 논의를 요약하면 한국어 '-지(요)'와 중국어 '吧'는 설명법·진술 어기를 구현할 때 모두 화자가 명제에 대한 [+확신]의 태도를 함축하고 있다는 점에서 동일하다. 그러나 중국어 '吧'는 [+소극적 확신]을 드러내는 점에서 '-지(요)'와 다르다. 이때의 '吧'는 '-겠지'에 해당된다. 즉 중국어 어기조사 '吧'는 한국어 선문말어미 '-겠-'과 문장종결형 '-지'의 기능을 동시에 가지고 있다는 것이다.

또한 청자에게의 태도를 볼 때 '-지(요)'와 '吧'는 모두 청자를 적극적으로 상정한다는 점에서 동일하되 '-지(요)'의 경우에는 화자가 청자의 신뢰를 증가시키고자 하는 태도, 즉 [+확신시킴]의 태도가 보이는데 '吧'의 경우 화자가 청자의 신뢰를 증가시키고자 하는 [+확신시킴]의 태도가 아니라 청자에게 선택권을 주는 [-확신시킴]의 태도가 보인다.[128]

한편 위 ① 부분의 논의를 보면, 중국어 문말 어기조사 '的'과 '呢'가 명제에 대한 화자의 [+확신]의 의미를 나타낸다. 이런 점은 한국어 문장종결형 '-지(요)'와 같다. 위 (15) '-지(요)'를 사용하는 예문을 다시 가져와서 '的'과 '呢'를 사용하는 문장과 비교하자.

(19) 나는 옛날부터 그녀를 봐 와서 아는데 그녀도 과거에는 참 예뻤지(요).

(20) ㄱ. 我以前就认识她, 她也以前很漂亮吧的。
    ㄴ. 我以前就认识她, 她也以前很漂亮呢。

위 '-지(요)'를 사용하는 문장 (19)와 '的', '呢'를 사용하는 문장 (20

---

128 이 글에서 한국어 문장종결형 '-지'와 중국어 문말 어기조사 '吧'의 화용의미에 대하여 오옥교(2019)를 참고한다. 오옥교, 2019, 앞의 논문, 247~274면.

ㄱ)과 (20ㄴ)을 비교하면 모두 명제에 대한 화자의 [+확신]의 태도를 나타내고 청자에 대한 화자의 [+확신시킴]의 화용양태를 나타낸다. 다만 '呢'를 사용하는 문장의 경우에는 화용양태 [+강조]를 나타내는 점이 다르다.

④ -ㄴ걸, -ㄹ걸 : 啊, 吧

'-ㄴ걸, -ㄹ걸'은 설명법을 수행하여 청자에 대한 화자의 심리적 태도 [알림]을 나타낸다. 동시에 화행에서 명제 내용에 대한 화자의 [+확신]이나 [+추측]의 심리적 태도를 나타낸다. 다음 예문을 보자.

(21) ㄱ. (이제 오면 어떻게 해) 그는 벌써 떠나 버렸는걸.
　　 ㄴ. 여기에 있는 줄은 아무도 모를걸.

　　 ㄱ'. (现在来怎么行)他已经离开了啊。
　　 ㄴ'. 谁也不知道在这里吧。

위 예문 (21)의 문장들은 모두 설명법·진술어기의 문장들이다. 그리고 모두 화행에서 청자에 대한 화자의 화용양태 [알림]을 나타낸다. 다른 점은 명제 내용의 대한 화자의 심리적 태도이다. 우선 한국어의 경우를 보겠다. (21ㄱ) '-ㄴ걸'은 [+확신]을 나타내는데 (21ㄴ) '-ㄹ걸'은 [+추측]을 나타낸다.[129]

이에 대응하는 중국어 문장은 각각 문말 어기조사 '啊'를 사용하는

---

129 '-ㄴ걸'과 '-ㄹ걸'은 명제에 대하여 화자의 [+확신]과 [+추측]의 태도를 나타낸다는 것은 각각 문법요소 '-ㄴ'이 가지는 [+기지성]과 '-ㄹ'이 가지는 [+미지성]의 의미특성에 관계된다. 윤석민, 2000, 앞의 책, 122면.

(21ㄱ')와 문말 어기조사 '吧'를 사용하는 (21ㄴ')이다. 그런데 여기서 주
의할 것은 (21ㄱ')의 경우 (21ㄱ)에 대응하여 [+확신]을 나타낸다는 것은
문말 어기조사 '啊'가 아니라 '啊' 앞에 오는 '了' 때문이다. '啊'를 사용
한다는 것은 화용양태 [+강조]를 나타내기 위한 것이다. [+강조]는 (21
ㄱ)과 (21ㄴ)의 '-ㄴ걸'과 '-ㄹ걸'이 나타내는 화용양태이기도 하다.

4.2.3.2. [서술]

설명법·진술어기가 화용양태 [서술]을 나타내는 경우는 화자가 담화
의 구체적인 청자를 상정하지 않는 경우이다.[130] 즉 청자에 대한 고려
가 소극적인 경우이다.[131] 지문의 발화 장면인 상황이 많다. 여기에 속
하는 한국어 문장종결형은 '-다'가 대표적이다.

'-다'는 지문에 사용되어 청자를 높이거나 낮추거나 하는 대우법을
나타내지 않는다.[132] 이 점도 설명법·진술어기가 선택될 때 화용양태
[서술]을 나타내면 화자가 청자를 적극적으로 상정하지 않는다는 사실
을 방증한다. 이에 대응하는 중국어 문말 어기조사는 영범주 'Ø'가 대
표적이다.

-다 :Ø

---

130 [서술]의 의미에 대하여 이종희(2004)에서도 언급한 바가 있다. 이종희(2004)에 의해
　　도 [서술]은 지문의 발화 장면에서 나타나는 것으로, 화자가 명제 내용을 [+상태]의
　　정보로 판단하고 청자를 고려하지 않는 상태에서 청자에게 요구 없이 발화하는 것을
　　말한다. 이종희, 2004, 앞의 논문.
131 청자의 고려가 소극적이라는 것은 청자를 대우법상에 특정 등급으로 대우할 만큼 적극
　　적으로 인식하지 않는다는 말이다. 윤석민, 2000, 앞의 책, 105면.
132 이는 한국어 설명법 문장종결형 '-다/라'가 화용양태 [서술]을 나타내는 상황에서 특정
　　한 청자가 없기 때문이다.

다음 예문을 통해 살펴보자.

(22) 표준어는 교양 있는 사람들이 두루 쓰는 현대 서울말로 정함을 원
칙으로 한다.

<표준어 규정 총칙 제1항>

(23) 普通话是现代标准汉语的另一个称呼，是以北京语音为标准音，以北方
话为基础方言，以典范的现代白话文著作为语法规范的通用语。
(보통화는 현대표준한어의 다른 칭호이다. 북경어음을 표준음으로
삼고 북방화를 기초방언으로 하고, 모범적인 현대백화문 저작을
어법 규범으로 하는 통용어이다.)

<现代汉语规范问题学术会议>

위의 예문 (22)와 (23)은 글말로 각각 한국어의 표준어와 중국어의 보
통화를 서술하고 있다. 한국어의 경우 문장종결형 '-다'를 사용하고 중
국어의 경우 영범주인 문말 형식 'Ø'를 사용한다.

그런데 '-다'와 'Ø' 화용양태 [알림]을 나타내기도 한다. [알림]의 경
우와 비교할 때, [서술]을 나타내는 경우는 발화가 생성할 때의 차이가
보인다. [알림]을 나타내는 경우 주로 구어의 상황으로 화자와 특정한
청자가 있고 발화시가 설정되어 있다. 화자는 그가 [+상태]의 정보로 인
식하는 명제 내용을 청자에게 알게 하려고 한다. 이에 비해 [서술]을 나
타내는 경우가 다르다. [서술]을 나타내는 문어의 경우에 화자는 있지만
청자는 불특정인 다수이다. 그리고 화자의 발화시[133]와 청자가 그 발화
를 읽는 시점이 동일하지 않다.

---

133 [서술]을 나타내는 경우 발화시는 곧 화자가 글을 쓰는 시점이다. 이종희, 2004, 앞의
논문, 109면.

4.2.4. 소결

담화 맥락 또는 상황에서 설명법과 설명 의미의 진술어기를 선택할 때 화자가 청자를 적극적으로 상정하는 경우와 그렇지 않는 경우가 있다. 화자가 청자를 적극적으로 상정하면 화용양태 [알림]을 나타내고 그렇지 않으면 화용양태 [서술]을 나타낸다.

화용양태 [알림]과 [서술]을 나타낼 때 맥락 또는 상황에 따라 특정한 문장종결형과 문말 어기조사가 쓰여 다시 다양한 화용양태를 나타낸다. 구체적으로 다음 <표 28>과 같다.

〈표 28〉 설명법·진술어기의 화용양태와 실현양상

[알림]							[서술]	
[-확신시킴]		[+확신시킴]						
[-강조]		[+강조]	[-강조]		[+강조]			
-다 -네 -오 -습니다 -어(요)	∅	-ㄹ걸	-지(요)	的 吧	-ㄴ걸	呢 啊	-다	∅

위 <표 28>과 같이 한국어 설명법과 중국어 설명 의미의 진술어기는 화용양태 [알림]과 [서술]을 나타내는 동시에 다른 화용양태를 나타내기도 한다. 우선 [알림]을 나타낼 때 화용양태 [-확신시킴]이나 [+확신시킴]을 나타내는데 이때 [-강조]와 [+강조]의 차이가 있다. 이에 비해 [서술]을 나타낼 때 [알림]의 경우처럼 다양한 화용양태를 나타내지 않는다. 이는 화용양태 [서술]이 대부분 단독적 장면에 나타나기 때문이다.

4.3. 감탄법과 감탄어기

통사적으로 보면 감탄문은 청자의 존재를 문제삼지 않는다는 점이 특별한 면이 있다. 일반적으로 문장유형은 상호주관적 성격을 지니는데 감탄문은 상호주관적 성격이 아닌 주관적인 성격만 지닌다.[134] 그런데 의미·화용적 관점에서 볼 때 감탄법은 화자가 명제 내용의 정보를 주관적으로 전달한다. 이때 화자는 자신을 청자로 상정하거나 자신이 아닌 남을 소극적인 청자로 상정한다. 이렇게 보면 한국어 감탄법의 경우 청자가 없는 것이 아니다. 중국어 감탄어기도 마찬가지다.

우선 한국어 감탄법과 중국어 감탄어기의 의미를 검토한다. 다음으로 한국어 감탄법과 중국어 감탄어기가 맥락 또는 상황에서 화용양태와 상호작용하여 문법요소가 선택되는 특성을 논의한다. 마지막으로 감탄법과 감탄어기가 사용되는 맥락 또는 상황에서 문장종결형과 문말 어기조사의 대응 양상과 구체적인 화용양태를 비교해 본다.

4.3.1. 감탄법 · 감탄어기의 의미

한국어 감탄법에 대응하여 중국어 감탄어기가 있다. 중국어에서 문말 어기는 문장유형과 일대일로 대응되기 때문에 이른바 감탄어기란 감탄 문이 나타내는 문말어기를 말한다. 그러나 감탄어기는 반드시 감탄문으로 실현하지 않는다.[135] 한국어의 경우도 마찬가지다. 한국어에서 문장종

---

134 감탄문은 언제나 청자가 없는 것이 아니다. 남기심·고영근(1985)에서는 감탄문을 '청자를 별로 인식하지 않거나 독백하는 상황에서 자기의 느낌을 표현하는 문장'이라고 정의하고 있다. 남기심·고영근, 『표준국어문법론』, 탑출판사, 1985, 345면.

135 중국어 감탄표현은 전형적으로 감탄구로 실현하되 진술구, 의문구 등 문장유형도 감정

결법은 문장유형에 따른 것이 아니듯이 그의 하위범주인 감탄법이 당연히 감탄문에 따른 것이 아니다.

여기서는 앞 4.2.1.에서 한국어 설명법과 중국어 설명 진술어기의 의미를 규명할 때 사용하는 방법으로 명제 내용 기준, 행위참여자 기준, 진술 방식 기준 그리고 진술 태도 기준을 적용하여 한국어 감탄법과 중국어 감탄어기의 의미를 살펴본다.

1) 명제 내용 기준

감탄법·감탄어기는 화자가 명제 내용을 [+상태]의 정보로 판단할 때 사용하는 문말서법이다. 명제 내용은 [+상태]의 의미 특성을 지니는 정보라면 화행의 측면에서 볼 때 무엇보다 정보의 성격이 중요시된다. 뿐만 아니라 감탄법·감탄어기의 경우 명제의 정보가 실제 세계를 정확하게 반영하고 있다.[136] 다음 예문 (24)를 살펴보자.

> (24) ㄱ. 이 꽃 참 예쁘구나.
>   ㄴ. 비가 오는구나.
>   ㄷ. 오늘 화요일이구나.
>
>   ㄱ'. [[이 꽃 참 예쁘-]P-구나]S

표출을 할 수 있다. 진술구와 의문구가 감탄어기를 수행하는 경우 구체적인 맥락 또는 상황을 통하여 확인할 수 있다. 평시, 「한국어·중국어 감탄 표현의 대비 연구」, 단국대학교 석사학위논문, 2014, 34면.

136 화행상 감탄법·감탄어기는 정보의 주고받음 행위가 목적이 아니다. 즉 화자는 명제 정보가 누구에게 알려져 있어야 한다고 생각하지 않는다. 화자는 [+상태]의 명제 정보를 완전하게 알고 그것에 대한 자신의 정서를 표현하는 것이 목적이다. 그러나 그렇다고 청자가 없는 것이 아니다. 이에 대하여 윤석민(2000)에서 구체적으로 논의되어 있다. 윤석민, 2000, 앞의 책, 127면.

　　ㄴ'. [[비가 오-]P-는-구나]S
　　ㄷ'. [[오늘 화용일이-]P-구나]S

　　(24ㄱ~ㄷ)의 문장 구조는 각각 (24ㄱ'~ㄷ')로 해석된다. 이들 문장 안에 담긴 명제 내용은 각각 '이 꽃 참 예쁘다'는 상태 정보(24ㄴ), '지금 비가 오다'는 상태 정보(24ㄴ), 그리고 '오늘 화요일이다'는 상태 정보(24ㄷ)이다. 중국어 감탄어기의 경우도 마찬가지다. 다음 예문 (25)를 보자.

　　(25) ㄱ. 这花真漂亮啊！
　　　　ㄴ. 下雨了啊！
　　　　ㄷ. 今天星期二啊！

　　　　ㄱ'. [[这花真漂亮]P啊]S
　　　　ㄴ'. [[[下雨]P了]A啊]S
　　　　ㄷ'. [[今天星期二]P啊]S

　　(24)의 경우처럼 (25ㄱ~ㄷ)의 문장 구조는 (25ㄱ'~ㄷ')와 같다. 명제 안에 담긴 명제 내용이 각각 '这花真漂亮(이 꽃이 참 예쁘다)'의 상태 정보, '下雨了(비가 오고 있다)'의 상태 정보, 그리고 '今天星期二(오늘 화요일이다)'의 상태 정보이다. 이렇게 명제 내용이 상태 정보를 나타낸다는 면에서 중국어 감탄어기와 한국어 감탄법이 일치한다.

2) 행위참여자 기준

　　담화의 행위참여자는 화자와 청자를 말한다. 화자가 명제 내용과 관련하여 그것을 화자 자신에게 중점을 두어 기술하는지 청자에게 중점을 두어 기술하는지의 문제이다. 감탄법·감탄어기의 경우 화행이 어떤 행위참여자로 이루어진다는 것은 명제 내용의 [+상태]의 정보가 누구 소유하고 있는가를 의미한다. 다음 예문 (26)과 (27)을 보자.

(26) (화자가 다리가 테이블에 부딪혀)
　　ㄱ. 아이고, 아파라.
　　ㄴ. 啊, 好疼啊。

(27) (화자가 다리가 테이블에 부딪혀)
　　ㄱ. *아이고, 아파라?
　　ㄴ. *啊, 好疼啊?

(26)의 문장은 화자가 다리가 테이블에 부딪혀서 스스로 아프다고 발화를 한 상황이다. 이때 아프다는 사실에 대하여 당연히 화자 자신이 누구보다 확실히 알고 있다. 다시 말해 명제 내용 '아프다' 또는 '好疼'의 상태 정보를 화자가 소유하고 있다. 그리고 화자는 명제 내용의 정보를 온전히 인식하고 있다. 명제 내용의 정보에 대하여 온전한 인식을 가지고 있어야 이에 대한 주관적 감정 또는 태도를 지닐 수 있기 때문이다.

따라서 같은 발화 맥락에서 (27)처럼 화자가 명제 내용의 정보를 모르는 채 청자에게 물어볼 수 없다. 이는 또한 화자가 정보의 온전한 소유자, 즉 화행의 중심이 되는 사람임을 알려준다. 그리하여 행위참여자의 관점에서 보아도 한국어 감탄법과 중국어 감탄어기가 동일하다.

3) 진술 방식 기준

앞에서 한국어 감탄법과 중국어 감탄어기의 의미를 비교하면서 화자가 명제 정보에 대한 지각과 행위참여자에 대한 지각을 따로 살펴보았다. 이렇게 따로 기준이 되는 것은 상호 관련하여 작용하기도 한다. 명제 내용과 행위참여자의 관계는 진술 방식인데 전달과 요구를 포함한다.

감탄법이나 감탄어기를 말하게 되면 청자를 고려하지 않고 독백처럼 쓰인다고 주장하는 사람이 많다. 화자와 청자 사이에 단순한 정보 주고 받음이 없다는 관점에서 볼 때 이는 합리적인 측면이 있다. 그러나 감탄법과 감탄어기는 화자의 정감적 태도를 드러내는 특성이 있고 명제 내용의 전달이 없으면 그러한 정감적 태도를 나타낼 수 없다. 대표적으로 다음 예문 (28)과 같은 것이 있다.

> (28) ㄱ. 벌써 식사하셨군요.
> ㄴ. 您已经吃饭了啊。

(28)의 문장은 각각 감탄법(28ㄱ)과 감탄어기(28ㄴ)를 나타낸다. 그러나 이들은 화자가 청자를 의식하면서 발화한 것들이다. (28ㄱ)의 경우 '-군요'와 같이 상대 높임 관련 요소 '-요'가 결합하는 것이 화자가 청자를 의식하고 있다는 사실을 알 수 있다. 뿐만 아니라 상대 높임을 나타내는 선문말어미 '-시-'의 사용도 화자가 청자를 의식하면서 말한 것을 보여 주고 있다. (28ㄴ) 중국어의 경우에도 상대 높임을 드러내는 제2인칭 '您'를 사용하여 청자를 의식하면서 새로 알게 된 사실을 발화한다. 그리하여 한국어 감탄법과 중국어 감탄어기는 진술 방식에 있어 모두 전달에 해당되어 공통점이 보인다.

4) 진술 태도 기준

진술 태도는 전달 태도라고도 하는데 화자가 명제 내용에 대하여 강

하게 가지는 주관적 정서를 말한다. 감탄법과 감탄어기에 있어 진술 태
도 기준은 가장 중요한 기준이다. 화자가 명제 정보에 대한 주관적 정서
가 다른 어떤 기준이나 조건보다도 감탄법·감탄어기의 의미특성을 분명
히 드러내 주기 때문이다. 다음 예문 (29)를 살펴보자.

> (29) ㄱ. 사람들이 벌써 많이 왔구나!
> ㄴ. 아이구, 추워라.
>
> ㄱ'. 人已经来了很多了啊！
> ㄴ'. 天呐, 真冷啊。

(29ㄱ~ㄴ')은 명제 내용만 청자에게 전달하는 것이 아니라 화자의 정
감적인 느낌도 표현하고 있다. (29ㄱ)과 (29ㄱ')는 사람들이 많이 왔다
는 정보의 전달보다 그러한 사실에 대한 화자의 놀라움이 우선적으로
전달되고 있으며, (29ㄴ)과 (29ㄴ')는 '날씨가 춥다'는 정보적 가치보다
그렇게 느끼는 화자의 심리적 느낌을 우선적으로 드러내고 있다. 다시
말해 감탄법과 감탄어기는 정보를 전달하는 데 있어 명제 내용도 중요
하나 명제 내용에 대한 화자의 정감적 태도가 우선적이다.

요컨대 한국어 감탄법과 중국어 감탄어기는 각각의 언어에서 서로 대
응이 되는 문법범주이다. 이러한 감탄법·감탄어기의 의미는 다음 <표
29>와 같이 제시할 수 있다.[137]

---

137 <표 29>에서 Mexp는 Expressive Mood의 약칭으로 한국어 감탄법과 중국어 감탄어
기를 가리킨다.

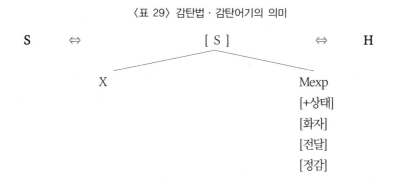

〈표 29〉 감탄법·감탄어기의 의미

한마디로 감탄법·감탄어기는 각각 한·중 두 언어에서 화자가 청자에게 문장에 담긴 [+상태]의 정보에 대하여 놀라움이나 감탄 등의 주관적 정서를 담아 전달하는 문말서법이다.

4.3.2. 감탄법·감탄어기와 화용양태의 상호작용

앞의 논의에 따르면 감탄문은 문장유형치고 특별한 면이 있다. 왜냐하면 감탄문은 다른 문장유형이 청자에 대한 화자의 의사소통적 의도를 지니는 데에 비하여 청자의 존재를 문제삼지 않기 때문이다. 그러나 그렇다고 감탄법·감탄어기를 담화의 범주에서 제외하면 안 된다. 감탄법·감탄어기의 경우 화자가 화자 자신을 청자로 상정하거나 청자를 소극적으로 상정하는 특성이 있다.

(30) ㄱ. 오늘 날씨가 좋다.
ㄴ. 오늘 날씨가 좋구나!

ㄱ' 今天天气好。

ㄴ' 今天天气好啊！

문법 의미의 측면에서 볼 때, (30ㄱ)과 (30ㄴ)은 같은 명제 조건을 지니고 있으며 언뜻 보면 서로 바뀌어 사용할 수 있다. 그러나 (30ㄱ)은 설명법의 문장이고 (30ㄴ)은 감탄법의 문장이다. 설명법과 감탄법은 화자가 동일한 명제 내용에 대한 다른 입장 또는 태도를 포함한다. (30ㄱ)에 비하여 (30ㄴ)은 화자의 강력한 주관적 감정, 즉 기쁨을 드러낸다. (30ㄱ')과 (30ㄴ') 중국어의 경우도 마찬가지다. 이처럼 담화에서 맥락에 따라 문장종결법이나 문말어기에서 드러나는 의미는 바로 화용양태라고 한다.

같은 감탄법이나 감탄어기라고 해도 담화에서 맥락 또는 상황에 따라 구현하는 화용양태가 다를 수가 있다. 이러한 다른 화용양태의 실현은 한국어에서 문장종결형, 중국어에서는 문말 어기조사가 그 역할을 한다.

(31) (손을 불에 데는 순간)
　ㄱ. 앗! 뜨거워(라)!
　ㄴ. 啊！烫！

(32) (영희가 간 것을 처음 아는 순간)
　ㄱ. 영희가 갔구나!
　ㄴ. 英熙走了啊！

(31)과 (32)는 모두 감탄의 상황이지만 서로 다른 화용양태를 나타낸다. (31)은 손을 불에 데는 순간의 놀라운 느낌을 드러내는 것에 비해 (32)는 영희가 간 것을 새로 알게 되는 감정을 드러낸다. 그리고 이러한 다른 화용양태를 실현하는 문법요소도 다를 수가 있다. 한국어의 경우

놀라움을 나타낼 때 (31ㄱ)처럼 '-어/아(라)'를 사용하는 데에 반해 무엇을 새로 알게 될 때 (32ㄱ)처럼 '-구나'를 사용했다. 또한 중국어의 경우 놀라움을 나타낼 때 무표적인 영범주 'Ø'로 나타나는 데에 비해 무엇을 새로 알게 될 때 '啊'를 사용하였다.

이처럼 동일한 감탄법·감탄어기를 실현할 때 화용양태가 다르면 서로 다른 문장종결형 또는 문말 어기조사가 사용된다. 뿐만 아니라 동일한 감탄법 또는 감탄어기에서 같은 화용양태 의미를 구현할 때 상이한 문장 종결형 또는 문말 어기조사를 사용할 수도 있다. 다음 예문 (33)을 보자.

> (33) (추워서 몸을 움츠리면서)
> ㄱ. 아유! 춥네!
> ㄴ. 아유! 추워라!
>
> ㄱ' 哎呦！好冷啊！
> ㄴ' 哎呦！好冷哦！

(33)과 같이 화자가 춥다고 감탄하는 상황에서 한국어의 경우 각각 (33ㄱ) '-네'와 (33ㄴ) '-어/아라'를 선택하게 되고 중국어의 경우 각각 (33ㄱ') '啊'와 (33ㄴ') '哦'를 선택하게 된다.

한 마디로 감탄법·감탄어기는 맥락 또는 상황에서 다양한 화용양태를 나타낸다. 크게 보면 [처음 앎]과 [지각]의 화용양태를 나타낸다. 감탄법·감탄어기와 화용양태 [처음 앎]/[지각]은 상호작용하여 일정한 문장 종결형 또는 문말 어기조사가 선택되어 나타난다. 감탄법·감탄어기와 화용양태의 상호작용적 관계를 도표로 표시하면 다음 <그림 6>과 같다.

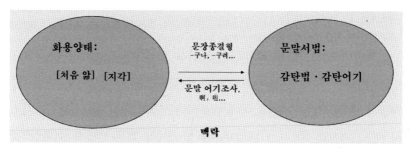

〈그림 6〉 감탄법·감탄어기와 화용양태 [처음 앎]/[지각]의 상호작용적 특성

<그림 6>과 같이 감탄법·감탄어기가 선택되는 상황에 화용양태 [처음 앎]과 [지각]을 나타낸다. 감탄법·감탄어기와 [처음 앎]/[지각]이 상호작용하여 다양한 실현요소, 즉 문장종결형과 문말 어기조사가 선택된다. 반면에 이때 문장종결형과 문말 어기조사의 사용은 감탄법·감탄어기와 화용양태를 실현하기 위한 것이다.

4.3.3. 감탄법·감탄어기의 화용양태

한국어 감탄법과 중국어 감탄어기는 화용양태 [처음 앎]과 [지각]을 나타내면서 맥락에서 다른 문장종결형과 문말 어기조사의 선택에 따라 좀더 세부적인 화용양태를 나타내기도 한다. 여기서 우선 감탄법·감탄어기가 [처음 앎]과 [지각]을 실현할 때 한국어 문장종결형과 중국어 문말 어기조사의 대응 양상을 살펴본 다음에 서로 대응되는 한국어 문장종결형과 중국어 문말 어기조사가 나타내는 세밀한 화용양태를 검토한다.

4.3.3.1. [처음 앎]

감탄법·감탄어기가 화자의 [처음 앎]을 나타내는 경우가 있다. [처음 앎]을 나타내는 한국어 문법요소가 대표적으로 종결어미를 이용한 '-구-' 계열의 문장종결형이 있다. 이에 대응하여 중국어에서 주로 문말 어기조사 '啦(了₂+啊)'와 '啊'가 있다. 이밖에 한국어의 경우 반말을 이용한 것도 있다.[138] 이에 대응하는 중국어 문법요소도 다양하다. 다음으로 한국어 감탄법이 [처음 앎]을 나타내는 경우에 사용되는 문장종결형과 중국어 감탄어기가 [처음 앎]을 나타내는 경우에 사용되는 문말 어기조사의 대응 양상을 구체적으로 살펴보고자 한다.

'-구-'계열 문장종결형

'-구-'계열의 문장종결형에 해라체의 '-구나/-로구나/-누나', 하게체의 '-구먼/-로구먼', 하오체의 '-구려/-로구려', 그리고 요-결락형 '-군/-로군'이 있다.

① -구나 : 啦, 啊

'-구나'가 [처음 앎]을 나타낸다는 것은 무엇보다 사전에서 확인할 수 있다. 『표준국어대사전』에서 '-구나'에 대한 해석이 다음 (34)와 같다.

> (34) 해라할 자리나 혼잣말에 쓰여, 화자가 새롭게 알게 된 사실에 주목함을 나타내는 종결어미. 흔히 감탄의 뜻이 수반된다.

예문을 들어 보자.

---

138 한국어에서 반말을 이용한 문장종결형은 사용역이 아주 광범하다.

(35) ㄱ. 어제는 순이가 갔어.
      ㄴ. a. 나는 몰랐어.   ① 순이가 갔구나.
                                ② *순이가 갔어.
          b. 나도 알아.   ① *순이가 갔구나.
                                ② 순이가 갔어.

(36) ㄱ. 昨天顺儿走了。
      ㄴ. a. 我不知道,   ① 顺儿走了啊/啦。
                                ② *顺儿走了。
                                ③ *顺儿走啊。
          b. 我也知道,   ① *顺儿走了啊。
                                ② 顺儿走了。
                                ③ *顺儿走啊。

    (35) 한국어의 경우 모르는 상황에서 순이가 갔다는 사실을 새로 알게 되면 (35ㄴa)처럼 '-구나'가 자연스럽게 사용된다. 이때 화자는 순이가 갔다고 처음 알게 되어 감탄의 감정이 느껴진다. 이에 비해 화자는 순이가 갔다는 사실을 이미 알고 있는 상황에서 (35ㄴb)처럼 '-구나'의 결합이 자연스럽지 않다. 이러한 선행문장과 후행문장의 호응관계를 보면 '-구나'가 무엇을 처음 알게 될 때 사용이 자연스럽다. 다시 말해 '-구나'는 화용양태 [처음 앎]을 나타낼 수 있다.

    '-구나'에 대응되는 중국어 문말 어기조사는 '啦'로 볼 수 있다. '啦'의 의미를 알려면 그의 형태소 구성부터 알아야 한다. 앞에서 말했듯이 형태적으로 '啦'는 '了₂'와 '啊'의 합음이다. 이에 대하여 ≪现代汉语词典(第7版)≫에서도 확인할 수 있는데 ≪现代汉语词典(第7版)≫에서 '啦'에 대하여 다음 (37)과 같이 말하고 있다.

(37) ·la 助 "了"(·le)和"啊"(·a)的合音, 兼有"了"②和"啊"的作用。

'了'는 현대중국어에서 사용 빈도가 가장 높을 뿐더러 문법적 의미와 용법, 그리고 화용론적 의미도 매우 복잡하다. ≪现代汉语词典(第7版)≫에서 "了"②에 여러 가지 해석을 포함하는데 '啊'와 같이 [처음 앎]을 나타내는 경우 ② c)의 경우이다. 다음 (38)을 보자.

(38) 了 ·le 助 ② c)表示认识、想法、主张、行动等有变化。

위 (38)과 같이 '了'는 인식이나 생각, 주장, 행동 등의 변화를 나타낸다. 즉 이 책에서 말하는 '了₂'이다. 이러한 변화를 감정적으로 표현할 때 '啊'가 필요하다. (36)은 (35)과 같은 상황에서 중국어의 표현이다. (36ㄴa)에서 대답 "顺儿走了啊"는 (35ㄴa)와 대응되는 표현이며 변화를 의미하는 '了₂'와 감탄의 감정을 의미하는 '啊'가 결합하여 같이 한국어 문장종결형 '-구나'처럼 화용양태 [처음 앎]을 나타낸다.

다시 말해 문말 어기조사 '了₂'는 순이가 있다가 갔다는 변화를 나타내고 문말 어기조사 '啊'는 이러한 변화에 대하여 화자의 감정을 나타낸다. '啊'는 현대중국어에서 대표적인 감탄어기 문말 어기조사이다. ≪现代汉语词典(第7版)≫에서 감탄어기 문말 어기조사에 대하여 다음 (39)와 같이 말하고 있다.

(39) 啊 ·a 助 ① 用在感叹句末, 表示增强语气。

그리하여 위 (35)와 같은 상황에서 한국어 감탄법 문장종결형 '-구나'는 [처음 앎]을 드러내며 이에 대응하여 중국어에서 문말 어기조사 '啦'

가 같은 화용양태를 나타낸다.

그러나 여기서 주의할 것은 여기의 '了'가 과거를 나타내는 시제 요소 '了$_1$'이 아니라는 것이다. '了$_2$'가 [+변화]를 나타내는 기능에 대하여 朱德熙(1982/2003 : 208)에서도 언급한 바가 있다. '了$_1$'은 시제를 나타내되 여기서 '了$_2$'는 새로운 상황의 출현을 나타낸다. 다음 예문을 살펴보자.

(40) (창밖을 보고 비가 오는 것을 알게 되어 놀라우면서)
  ① 下雨啦。
  ② 下雨了$_2$。
  ③ *下雨了$_1$。
  ④ 下雨啊。
  ⑤ 下雨。

(41) (창밖을 보고 비가 오는 것을 알게 되어 놀라우면서)
  ① 비가 오는구나.
  ② *비가 왔구나.
  ③ *비가 왔어.
  ④ 비가 와.

비가 오는 것을 모르고 있다가 창밖을 보니 비가 오는 것을 처음 알게 되었다. 현재도 비가 오고 있다는 상황이다. 이때 감탄을 하는 감정으로 [처음 앎]을 나타내면 중국어의 경우 (40①), 한국어의 경우 (41①)이 제일 적절하다. 즉 '啦'나 '-구나'를 사용하는 것이 가장 적합하다는 말이다.

이에 비해 (40②)의 경우 '了$_2$'만 사용하면 문장이 성립하되 비가 안 오다가 오게 된다는 변화만 드러나고 감탄의 뜻이 드러나지 못한다. 그리고 (40③)처럼 시제 요소 '了$_1$'을 사용하면 상황에 맞지 않는 문장이

된다. (41②) 시제 선문말어미 '-았/었-'을 사용한 한국어의 경우도 마찬
가지다. 또한 (40⑤)와 (41④)와 같이 무표적인 경우라면 문장이 성립하
나 [처음 앎]이라는 화용양태를 나타내려면 다른 보조적인 요소가 필요
하다.[139]

그런데 (40④)의 경우 좀 다르다. (40④)에서 문말 어기조사 '啊'만
있어도 처음 알게 된 사실인 비가 오고 있음에 대하여 감탄의 화용양태
를 실현할 수 있다. 다음 예문 (42)를 보자.

(42) (옷을 갈아입는 것을 보니)
　① 你要出去了₂。
　② 你要出去啊。
　③ 你要出去啦。
　④ 你要出去。

(42①~④)는 상대방이 옷을 갈아입는 것을 보고 추론하여 그가 나가
겠다는 것을 처음 알게 되는 상황에서 하는 말들이다. (42①)은 문말 어
기조사 '了₂'를 사용하여 상화의 변화를 드러내고 (42④)는 무표적인 영
범주로 상대방이 나가겠다는 것을 평범하게 진술한다. 두 문장에서 모두
화자의 감정을 알 수 없다. 이에 비해 (42②)는 '啊'만으로 감탄하면서
[처음 앎]의 화용양태를 나타내고 (42③)은 '啦'로 감탄하면서 상황의
변화를 처음 알게 된다는 화용양태를 나타낸다.

그리고 한국어의 경우 문장종결형 '-구나' 외에 '-로구나'가 있다. '-로
구나'는 '-구나'가 서술격조사 '-이-' 다음에서 형태 변화가 일어나서 형
성된 것이다. 그리고 '--구나'보다 '-로구나'는 현장감이 부어되는 상황에

139　예를 들어 억양이 있다.

쓰이면서 화자의 정감적 태도를 더욱 강조하는 의미를 가진다.[140] 다음
예문 (43)과 (44)를 살펴보자.

(43) ㄱ. 그가 바로 우리 찾던 사람이로구나.
　　ㄴ. 순이도 대학생이로구나.

(44) ㄱ. 他就是我们找的那个人啊。
　　ㄴ. 顺儿也是大学生啊。

(43) '-로구나'에 대응하는 중국어 문말 어기조사는 (44)와 같이 '啊'
만 가능하다. '啦'를 사용할 수 없는 것은 여기서 변화가 일어나지 않기
때문이다.

또한 이러한 [처음 앎]을 나타내는 한국어 감탄법 문장종결형과 중국
어 감탄어기 문말 어기조사는 청자를 적극적으로 의식하지 않는 상황에
서도 사용된다. 예를 들어 혼잣말을 할 때 화자가 자기 자신을 막연한
청자로 설정하기 때문에 청자의 등급을 설정하는 것은 무의미한 일이다.
한국어의 경우 이러한 문장종결형에 '-누나'가 대표적이다.

(45) 높아 가는 물가에 서민들의 허리는 점점 휘어가고 주름살은 점점
　　깊어 가누나.

(46) 物价飞涨, 让百姓弯下了腰, 脸上的皱纹越来越深。

(45)처럼 한국어 문장종결형 '-누나'는 주로 문어체에 쓰이고 이에 대

140　이러한 의미특성은 어느 정도로 '-로구나'가 과거 시제나 미래 시제에 결합하지 않고 현
　　재 시제에만 결합한다는 현상을 결정한다.

응하여 중국어의 경우 무표적인 영범주가 나타나는 것이 자연스럽다.

② -구먼, -구려, -군 : 啦, 啊

한국어 문장종결형 '-구먼'과 '-구려', '-군'도 '-구나'와 같이 화용양태 [처음 앎]을 실현한다. 다시 말해 그들이 화자가 처음 알거나 새로 인식된 명제 내용을 주관적 정서를 포함하여 진술하고자 할 때 사용된다. 우선 '-구먼'과 '-구려', '-군'이 『표준국어대사전』에서의 의미를 확인하자.

> (47) -구먼: '-군'의 본말.
> -구려: 하오할 자리에 쓰여, 화자가 새롭게 알게 된 사실에 주목함
> 을 나타내는 종결 어미. 흔히 감탄의 뜻이 수반된다.
> -군: 해할 자리나 혼잣말에 쓰여, 화자가 새롭게 알게 된 사실에 주
> 목함을 나타내는 종결 어미. 흔히 감탄의 뜻이 수반된다.

위와 같이 '-구먼'과 '-구려', '-군'의 사전 의미에서도 그들이 정서적으로 [처음 앎]이라는 의미를 나타내는 것을 알 수 있다. 실제 담화에서도 확인할 수 있다. 다음 예문 (48)을 보자.

> (48) ㄱ. 어제는 순이가 갔어.
> ㄴ. a. 나는 몰랐어. ① 순이가 갔구먼.
> ② 순이가 갔구려.
> ③ 순이가 갔군.
> ④ *순이가 갔어.
> b. 나도 알아. ① *순이가 갔구먼.
> ② *순이가 갔구려.
> ③ *순이가 갔군.
> ④ 순이가 갔어.

(48)은 위 (35)과 같은 상황이다. 이때 대응하는 중국어 문말 어기조사는 마찬가지로 '啦'와 '啊'이다.

'-로구먼'과 '-로구려', '-로군'은 각각 '-구먼'과 '-구려', '-군'의 수의적인 이형태로 서술격조사 '-이-' 뒤에만 나타나서 '-구먼'과 '-구려', '-군'보다 현장감이 강하고 화자의 정서적 태도를 좀더 강조한다.

또한 '-구나'에 비해 '-구먼'과 '-구려', '군'은 청자를 대하는 데 비교적 적극적이라고 볼 수 있다. 이는 대우법 외에, '-그래'와의 결합에서도 알 수 있다. 다음 예문 (49)를 통하여 살펴보자.

(49) ㄱ. *저기 철수가 오는구나그래.
ㄴ. 지난 번 일은 정말 미안하게 됐구먼그래.
ㄷ. *역시 당신이 제일이구려그래.
ㄹ. 저 선수 정말 빨리 달리는군그래.

(49)를 보면 (49ㄴ) '-구먼'과 (49ㄹ) '군' 다음에 '-그래'와 같은 형태가 첨가될 수 있다. 이는 '-구먼'과 '군'을 사용하면 화자가 청자를 적극적으로 고려하고 있다고 볼 수 있다. 그리고 (49ㄷ)에서 '-구려'는 '-그래'와 결합할 수 없으되 대우법의 관점에서 청자를 적극적으로 대하는 것을 알 수 있다.

요약하면 한국어에서 감탄법의 경우 화용양태 [처음 앎]을 나타내는 문장종결형에는 '-구나'와 '-구먼', '-구려', '-군' 등이 있고 이에 대응하여 중국어에서 감탄어기의 경우 화용양태 [처음 앎]을 나타내는 문말 어기조사에는 '啦'와 '啊'가 있다. 다만 중국어 '啦'는 '了₂'와 '啊'의 합음이기 때문에 [처음 앎]을 나타내는 동시에 '了₂'의 영향으로 [+변화]라는 화용양태도 실현할 수 있다. 이에 비해 한국어 '-구나'와 '-구먼', '-구려',

'-군'의 수의적인 이형태 '-로구나'와 '-로구먼', '-로구려', '-로군'은 화용양태 [+변화]를 나타낼 수 없네.

4.3.3.2. [지각]

감탄법 감탄어기가 화용양태 [지각]을 드러내는 경우가 있다. 화용양태 [지각]을 나타내는 한국어 문법요소는 대표적으로 문장종결형을 이용한 '-네'가 있고 이에 대응하여 중국어 문말 어기조사는 '啊'와 '呢'가 있다. 물론 한국어의 경우 반말을 이용한 것도 있고 이에 대응한 중국어 문말 어기조사도 있다. 다음으로 한국어 감탄법이 화용양태 [지각]을 수행하는 문장종결형과 중국어 감탄어기가 화용양태 [지각]을 수행하는 문말 어기조사의 대응 양상을 살펴본다.

-네 : 啊, 呢

앞에서도 언급하듯이 '-네'는 전형적인 한국어 하게체 평서형 종결어미이다. '-네'가 감탄 의미를 나타낼 수 있음을 우선『표준국어대사전』에서 확인할 수 있다. 다음 (50)을 보자.

> (50) 해할 자리나 혼잣말에 쓰여, 지금 깨달은 일을 서술하는 데 쓰이는 종결 어미. 흔히 감탄의 뜻이 드러난다.

다음 예문을 보자.

> (51) ㄱ. 우리 아이 노래도 잘 부르네.
> ㄴ. 집이 참 깨끗하네.
> ㄷ. 개나리꽃이 정말 노랗네.

(51) 화자는 명제 내용 '우리 아이 노래도 잘 부르다'(51ㄱ), '집이 참 깨끗하다'(51ㄴ), '개나리꽃이 정말 노랗다'(51ㄷ)를 감탄하는 정서를 가지면서 말한다.

지각의 행위는 정보를 얻게 되는 행위이기 때문에 새로운 사실에 대한 지각이 언제나 [처음 앎]을 수반하게 된다. 우리의 일상생활에서 많은 사건들이 반복하지 않는다. 시간과 장소까지 고려할 때 대부분의 사건은 새로 발생한 일이다. 여기서는 '-네'의 핵심의미를 [지각]으로 보고 [처음 앎]을 핵심적으로 의미하는 '-구' 계열의 문장종결형들과 구별된다.

다시 말해 감탄법의 '-네'는 앞에서 말한 '-구나'와 비교하면 핵심적으로 [지각]이라는 화용양태를 나타내는 것에서 차이난다. [지각]이라는 것은 사람의 감각기관을 통한 앎을 의미하고 화자의 감각기관을 자극할 수 있는 물리적인 대상의 존재를 전제로 한다. 이러한 전제는 문장에서 말하는 내용의 [+사실성]의 특성을 보여준다. 다음 예문을 살펴보자.

(52) (애가 밤새는 것을 봤다)어머 애가 아직까지 잠을 안 자네.

(53) A: 왜 이렇게 졸리지?
　　 B: ① 너 또 엊저녁에 잠을 안 잤구나.
　　　　 ② *너 또 엊저녁에 잠을 안 잤네.

(52)의 경우 화자가 직접 목격한 사실에 대하여 정서적으로 진술하는데 '-네'의 사용이 자연스럽다. 직접 보게 된 사실이기 때문에 그 사실의 진리치가 보장될 수 있기 때문이다. 이와 달리 (53)의 경우는 상대방이 졸리는 것을 통해 그가 어제 저녁에 안 잤다는 사실을 추론하여 말하고 있는 상황이다. 이때 화자는 청자가 어제 저녁에 잤는지 안 잤는지 직접

목격하지 못했다. 화자의 일종 추론일 뿐이다. 명제 내용이 참인 것을 보장할 수 없다. 그리하여 [처음 앎]을 수행하는 '-구나'를 사용할 수 있는 반면에 사건의 사실성을 강조하는 [지각]을 수행하는 '-네'를 사용할 수 없다.

그리고 한국어 (52)에 대응하는 중국어의 경우는 다음 (54)와 같다.

> (54) (目睹了他熬夜) ① 天呐, 他到现在还没睡啊。
>   ② 天呐, 他到现在还没睡呢。

(54)처럼 한국어 감탄법 문장종결형 '-네'에 대응하는 중국어 문말 어기조사로 '啊'와 '呢'가 있다. '啊'는 전형적인 감탄어기 문말 어기조사이다. 그리고 그만큼 사용역도 넓다. '啊'에 비해 '呢'의 경우 일반적으로 진술어기나 의문어기의 문장에서 나타나는데 감탄어기의 문장에서 나타나 좀더 강한 감정을 전달할 수 있다. 즉 '啊'보다 '呢'가 화자의 정서를 좀더 강렬하게 나타낸다. 화용양태 [+강조]를 나타낸다고 볼 수 있다.

한편 한국어에서 반말을 이용한 문장종결형 '-어'는 화용양태 [처음 앎]과 [지각]을 모두 나타낼 수 있다. 이에 대응하는 중국어 문말 어기조사는 '啊'와 '呢'가 모두 가능하다. 그리고 한국어에서 합성형을 이용한 문장종결형을 감탄법을 실현하는 경우도 있다.

① -ㄹ걸 : 啦

한국어 합성형을 이용한 문장종결형 '-ㄹ걸'은 [+후회]나 [+안타까움]의 감정을 나타낸다. 이에 대응하는 중국어 문말 어기조사로 '啦'가 있다.

> (55) 끝까지 내가 할걸.

(56) 早知道我做到最后啦。

(55)와 (56)의 예문에서 화자는 각각 '-ㄹ걸'과 '啦'를 이용하여 [+상태]의 명제 내용에 대하여 감탄하면서 [+후회] 또는 [+안타까움]의 감정을 전달한다.

② -노라 : Ø

한국어 합성형을 이용한 문장종결형 '-노라'는 화자의 영탄적인 감정을 나타낸다. 이에 대응하여 중국어의 경우 무표적인 영범주를 사용하는 것이 자연스럽다.

(57) 나의 시대는 언제나 찬란하노라.

(58) 我的时代永远灿烂。

(57)은 '-노라'를 사용하여 화자가 자신이 직접 관여한 시대에 대하여 스스로 자랑스럽게 자평하는 경우이다. 이에 대응하여 중국어의 경우 (58)처럼 무표적인 영범주 'Ø'가 나타날 수 있다. 모두 화용양태 [+영탄]을 나타낸다.

4.3.4. 소결

위에서 한국어 감탄법과 중국어 감탄어기의 의미특성을 살펴보고 감탄법·감탄어기가 화용양태와 상호작용하여 문장종결형과 문말 어기조사의 사용 양상을 살펴보았다. 한국어 감탄법과 중국어 감탄어기는 주로

화용양태 [처음 앎]과 [지각]을 나타낸다. 이때 [처음 앎]과 [지각]은 문
장종결형과 문말 어기조사가 지니는 핵심적인 화용양태를 말한다. 결과
를 정리하여 제시하면 다음 <표 30>과 같다.

<표 30> 감탄법·감탄어기의 화용양태와 실현양상

[처음 앎]		[지각]					
[-사실성, -후회, -영탄]		[+사실성]		[+후회]		[+영탄]	
-구나 -구면 -구려 -군 -어(라)	啦 啊	-네 -어(라)	啊 呢	-ㄹ걸	啦	-노라	Ø

위 <표 30>과 같이 한국어 감탄법과 중국어 감탄어기는 화용양태
[처음 앎]과 [지각]을 나타내는 동시에 다른 화용양태를 나타내기도 한
다. 우선 [처음 앎]을 나타낼 때 화용양태 [-사실성], [-후회] 그리고 [-영
탄]을 나타낸다. 이에 비해 [지각]을 나타낼 때 [+사실성], [+후회] 그리
고 [+영탄]을 나타낸다.

4.4. 의문법과 의문어기

한국어 의문법에 대응하는 중국어 문말서법은 의문어기이다. 우선 한
국어 의문법과 중국어 의문어기의 의미를 살펴본다. 다음으로 한국어 의
문법과 중국어 의문어기가 맥락 또는 상황에서 화용양태와 상호작용하
여 실현요소가 어떻게 선택되는지를 살펴본다. 그리고 마지막 단계에서

의문법과 의문어기가 선택되는 맥락 또는 상황에서 문장종결형과 문말
어기조사의 대응 양상과 구체적인 화용양태를 비교한다.

4.4.1. 의문법 · 의문어기의 의미

중국어 의문어기는 문장유형 중의 의문문에 따라 분류된다. 한국어
의문법은 명제 내용 기준과 행위참여자 기준, 진술 방식 기준 등 여러
가지 기준을 거쳐 분류된다. 문말서법은 문장유형과 다른 범주의 문제이
기 때문에 문장유형만으로 중국어 문말어기를 설명하기에는 부족한 점
이 있다.

따라서 이 부분에서 좀더 다양한 기준을 적용하여 한국어 의문법과
중국어 의문어기가 과연 어떠한 의미를 가지고 있는지를 검토해 보고자
한다. 이는 한·중 의문의 문말서법을 대조 연구하기 위한 전제 또는 토
대가 될 수 있다.

1) 명제 내용 기준

의문법과 의문어기는 화자가 명제 내용을 [+상태]의 정보로 생각할
때 실현된다. 다음 예문 (59)와 (60)을 통해 살펴보자.

> (59) ㄱ. 어제 뭐 했었니? -영화 봤어.
>   ㄴ. 밖에 비가 오니? -응, 비 와.
>   ㄷ. 이게 네 책이니? -아니, 내 책이 아니야.
>
>   ㄱ'. [[[어제 뭐 하-]P-였-]T-니]S
>   ㄴ'. [[밖에 비가 오-]P-니]S

ㄷ'. [[이게 네 책이-]P-니]S

(60) ㄱ. 昨天干什么了啊？ -看电影了。
　　ㄴ. 外面下雨吗？ -嗯, 下雨。
　　ㄷ. 这是你的书吗？ -不, 不是我的书。

　　ㄱ' [[[昨天干什么]P了₁]T啊]S
　　ㄴ' [[外面下雨]P吗]S
　　ㄷ' [[这是你的书]P吗]S

　　(59ㄱ~ㄷ) 한국어 의문법의 문장들은 구조적으로 (59ㄱ'~ㄷ')로 분석될 수 있고 이에 대응되는 (60ㄱ~ㄷ) 중국어 의문어기의 문장들은 구조적으로 (60ㄱ'~ㄷ')와 같이 분석될 수 있다.

　　그리고 이들 문장들은 모두 행동이 아니라 어떤 상태 정보에 대하여 말한다. (59ㄱ)과 (60ㄱ)은 청자가 어제 무엇을 했는지의 정보에 관한 것이고 (59ㄴ)과 (60ㄴ)은 밖에 비가 오는지의 정보를 다룬 것이며 (59ㄷ)과 (60ㄷ)은 그 책이 청자의 것인지 아닌지의 정보를 언급한 것이다. 이들 정보가 [+상태]의 의미특성을 지니는 것은 각각의 대답에서 확인할 수 있다.

　　행위참여자인 화자나 청자에게 의문법·의문어기 문장의 명제 정보에 대하여 모르거나 충분하게 알지 못한 부분이 있어야 한다. 화행적 측면에서 볼 때 의문법 또는 의문어기의 수행은 바로 이러한 불완전성을 극복하기 위하여 진행한 것이다.

　　그럼에도 명제 내용이 [+상태]의 정보라는 것은 한국어 의문법과 중국어 의문어기가 동일하다. 화자가 명제 내용을 [+상태]의 정보로 인식하는 특성은 한국어 설명법과 이에 대응하는 중국어 설명 의미의 진술어기, 한국어 감탄법과 이에 대응하는 중국어 감탄어기도 지니는 특성이다. 그리하여 다음으로 행위참여자 기준을 적용하여 의문법·의문어기를 설명할 필요가 있다.

2) 행위참여자 기준

의문법이나 의문어기의 경우 화자가 문장에 담긴 명제 정보가 청자에 속한다고 생각한다. 즉 화자는 자신이 모르거나 완전하게 알지 못하는 명제 정보를 청자가 알고 있다고 믿고 있다. 화행의 측면에서 볼 때 청자가 화자의 부족한 정보를 해석하는 역할을 담당한다. 따라서 한국어 의문법과 중국어 의문어기의 경우 행위참여자는 청자로 볼 수 있다.

3) 진술 방식 기준

진술 방식이란 화자나 청자에게 속한 명제 내용의 정보를 청자에게 전달할 것인가 요구할 것인가 하는 문제를 말한다. 의문법과 의문어기는 화자가 청자에게 정보를 요구하는 경우에 선택된다. 물론 요구하는 정보는 [+상태]의 정보이다.

위 예문 (59ㄱ~ㄷ)과 (60ㄱ~ㄷ)을 보면 의문법·의문어기의 선행발화에 대하여 후행발화는 요구되는 정보를 제공한다. (59ㄱ)과 (60ㄱ)의 경우는 청자가 어제 영화를 봤다는 정보를 제공하고 (59ㄴ)과 (60ㄴ)의 경우에는 청자가 밖에 비가 오고 있다는 정보를 제공하며 (59ㄷ)과 (59ㄷ)의 경우에는 이것이 자신의 책이 아니라는 정보를 제공한다.

물론 청자는 화자가 요구하는 정보를 모두 제공할 수 있는 것이 아니다. 자신이 모르거나 완전하게 알지 못하는 정보를 청자가 소유하는 것이 화자의 믿음이기 때문이다. 발화시에 화자는 자신이 요구하는 정보를 청자가 제공할 수 있다고 판단하면 의문법 또는 의문어기가 선택된다.

한 마디로 한국어 의문법과 중국어 의문어기는 모두 위와 같은 가치를 지니고 있어 서로 대응되는 문말서법의 범주이다. 그림으로 제시하면 다음 <표 31>과 같다.[141]

<표 31> 의문법 · 의문어기의 의미

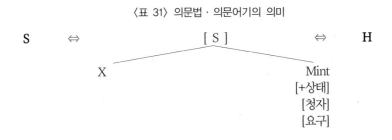

위 <표 31>처럼 한국어 의문법과 중국어 의문어기는 각각의 언어에서 화자가 청자에게 [+상태]의 정보를 요구하는 문말시법이다.

4.4.2. 의문법 · 의문어기와 화용양태의 상호작용

의문법·의문어기는 화자가 맥락 또는 상황에서 청자를 의문의 방식으로 대할 때 선택된다. 이때 다양한 화용양태가 수반되어 나타난다. 의문법·의문어기와 화용양태가 상호작용하여 다양한 실현요소, 즉 문장종결형과 문말 어기조사가 사용된다. 문장종결형과 문말 어기조사는 또한 맥

141　<표 31>에서 Mint는 Interrogative Mood의 약칭이다. 여기서 한국어 의문법과 중국어 의문어기를 나타내는 용어이다.

락 또는 상황에서 풍부한 화용양태를 실현한다. 다음 예문 (61)을 보자.

(61) ㄱ. 취직은 어떻게 되었는가?
　　ㄴ. 인생이란 무엇인가?

　　ㄱ'. 就业怎么样了啊？
　　ㄴ'. 人生是什么呢？

(61)의 문장들이 각각 한국어 의문법이 실현되는 문장(61ㄱ~ㄴ)과 중국어 의문어기가 실현되는 문장(61ㄱ'~ㄴ')이다. 화자가 특정한 청자를 설정하느냐 아니냐에 따라 화용양태를 나누면 [질문]과 [문제제기]가 있다. (61ㄱ)과 (61ㄱ')는 전자에 해당되는 문장이고 (61ㄴ)과 (61ㄴ')는 후자에 해당되는 문장이다. 다음 <그림 7>을 보자.

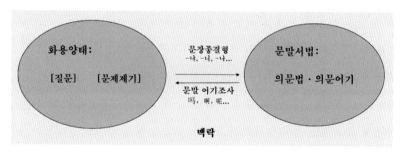

〈그림 7〉 의문법·의문어기와 화용양태 [질문]/[문제제기]의 상호작용적 특성

<그림 7>과 같이 한국어 의문법과 중국어 의문어기가 선택될 때 화용양태 [질문]과 [문제제기]를 나타낸다. 의문법·의문어기와 화용양태 [질문]/[문제제기]가 맥락에서 상호작용하여 일정한 문장종결형과 문말 어기조사가 선택된다. 반면에 의문의 문장종결형과 문말 어기조사는 맥락

에서 의문법·의문어기, 또한 [질문]/[문제제기] 등 화용양태에 순응하여 사용된다.

4.4.3. 의문법 · 의문어기의 화용양태

한국어 의문법과 중국어 의문어기는 화용양태 [질문]과 [문제제기]를 나타내는 동시에 맥락에서 문장종결형과 문말 어기조사들이 각각 좀더 세밀한 화용양태를 나타내기도 한다. 우선 의문법·의문어기가 [질문]과 [문제제기]를 실현하는 경우에 문장종결형과 문말 어기조사의 대응 양상을 살펴본다. 그리고 서로 대응되는 문장종결형과 문말 어기조사가 지니는 세부적인 화용양태를 비교한다.

4.4.3.1. [질문]

[질문]은 화자가 화행에서 청자를 적극적으로 상정하여 청자에게 정보를 요구하는 화용양태를 말한다. [질문]은 의문법 또는 의문어기가 수행하는 대표적인 화용양태로 볼 수 있다. 이 책에서 맥락에서 화자가 청자에게 요구하는 정보에 대하여 완전히 모르는지 부분적으로 모르는지에 따라 화용양태 [질문]을 다시 [+정보요청]과 [+정보확인]으로 나눈다.

[+정보요청]

[+정보요청]이란 화자가 명제 내용에 관한 정보를 완전히 모르는 상태에서 청자에게 정보를 요청하는 화용양태를 말한다. 의문법·의문어기의 이러한 화용양태는 한·중 두 언어에서 기본적인 문장종결형과 문말 어기조사로 실현되는 것이 일반적이다.

① -냐, -니 : 吗, 啊, 呢

한국어 문장종결형 '-냐'는 의문법을 수행하는 경우 화자는 청자를 적극적으로 인식하여 해라체로 대우한다. 화자는 문장에 담긴 명제 내용과 관련되는 정보를 청자에게 요구한다. '-니'는 의문법을 수행하여 '-냐'와 거의 같은 사용역을 지니고 있는 문장종결형이다. 차이를 말하자면 '-냐'를 사용하면 화자가 청자를 해라체로 대우하여 의문을 수행하는 것에 반해 '-니'를 사용하면 화자가 청자를 반말의 등급으로 대우하여 의문을 수행한다.[142] '-냐'와 '-니'에 대응하는 중국어 문말 어기조사는 주로 '吗'와 '啊', '呢'가 있다.

우선 '-냐'와 '-니'가 '吗'와 대응하는 경우이다. 이때 보통 화용양태 [+판정]을 나타낸다. 다음 예문 (62)와 (63)을 보자.

> (62) ㄱ. 철수야, 벌써 {가냐?/가니?} -예, 집에 일이 좀 있어서요.
> ㄴ. 고추가 그렇게 {맵냐?/맵니?} -예, 조그만 게 무척 맵네요.
> ㄷ. 그것이 {사실이냐?/사실이니?} -아니요, 그건 잘못 아신 거예요.

> (63) ㄱ. 哲秀, 现在就要走吗？ -嗯, 因为家里有事。
> ㄴ. 辣椒那么辣吗？ -嗯, 个儿不大却很辣呢。
> ㄷ. 那是事实吗？ -不是, 您误解了。

(62)의 문장들이 각각 화자가 청자에게 벌써 가냐 안 가냐는 정보를 요청하고(62ㄱ) 고추가 맵냐 안 맵냐는 정보를 요청하며(62ㄴ) 그것이 사실이냐 아니냐는 정보를 요청한다(62ㄷ). 이때 화자는 명제가 담고 있는 정보에 대하여 완전히 몰라서 청자에게 판정된 정보를 요구한다.

---

142 '-니'는 청자를 좀더 친근하게 생각하는 화자의 생각을 드러낸다. 특히 어린이들 사이의 대화나 상대방을 어리게 보고 말할 때 '-니'가 잘 선택된다.

'-냐'와 '-니'가 화용양태 [+판정]을 수행할 때 중국어 문말 어기조사 '吗'와 대응된다. 예문 (63)을 보면 알 수 있다. 예문 (63)은 예문 (62) 한국어의 경우와 대응되는 중국어의 상황이다. 보다시피 '吗'를 사용하는 것이 자연스럽다.

이때 한국어 '-냐'와 '-니', 그리고 이들과 대응되는 중국어 '吗'가 각각의 언어에서 의문법 또는 의문어기를 수행하면서 [+정보요청]의 화용양태를 나타낸다. 좀더 구체적으로 말하자면 [+판정]의 정보를 요청한다.

한편 '-냐'와 '-니'가 화용양태 [+설명]을 나타내는 경우가 있다. [+설명]을 나타낼 때 '-냐'와 '-니'는 중국어 문말 어기조사 '啊' 또는 '呢'와 대응된다. 다음 예문 (64)와 (65)를 보면 알 수 있다.

(64) ㄱ. 철수야, 어디 {가냐?/가니?} -학교에 가요.
     ㄴ. 저 사람이 {누구야?/누구니?} -우리 담임 선생님이에요.

(65) ㄱ. 哲秀, {去哪啊?/去哪呢?} -去学校。
     ㄴ. 那个人{是谁啊?/是谁呢} -是我们班主任老师。

(64)도 (62)와 같이 '-냐'와 '-니'가 화용양태 [+정보요청]을 나타내되 화자가 청자에게 [+판정]의 정보를 요구하는 것이 아니라 구체적인 [+설명]의 정보를 요구한다. (64ㄱ)은 화자가 청자인 철수에게 어디에 가냐는 실제적인 정보를 요구하고 (64ㄴ)은 화자가 청자에게 그 사람이 누구냐는 실제적인 정보를 요구한다. 이와 대응하여 중국어 문말 어기조사 '啊'와 '呢'가 있다.

(65ㄱ)을 보면 '啊' 또는 '呢'를 사용하여 화자가 명제 내용 철수가 [去哪]에 대한 구제적인 [+설명]의 정보를 요구한다. 그리고 (65ㄴ)도

'啊'나 '呢'를 사용하여 화자가 청자에게 명제 내용 [那个人是谁]에 대하여 구체적인 [+설명]의 정보를 요구한다.

그러나 '啊'와 '呢'는 차이나는 점이 있다. '啊'에 비하여 '呢'는 청자를 덜 적극적으로 상정하여 사용될 수 있다. 이는 '呢'가 혼잣말을 하는 경우에 자연스럽게 사용되는 현상을 통해 확인할 수 있다. 이에 대하여 화용양태 [문제제기]를 논의할 때 구체적으로 살펴본다.

② -ㄴ가, -나 : 吗, 啊, 呢

'-ㄴ가'는 한국어에서 청자를 하게체로 대우하는 경우에 사용되는 의문법 문장종결형이다. '-나'는 '-ㄴ가'의 축약형이다.[143] 먼저 [+판정]의 경우를 보자.

> (66) ㄱ. 오늘 날씨 {추운가?/춥나?} -예, 좀 추워요.
> ㄴ. 철수, 이 여자가 바로 자네 {여자친구분인가?/여자친구분이나?}
> -예, 지난 번 말씀드린 그 사람입니다.

> (67) ㄱ. 今天天气冷吗？ -嗯, 有点冷。
> ㄴ. 哲秀, 这个女孩就是你女朋友吗？ -嗯, 上次跟您提过的那个人。

(66)과 (67)의 문장은 각각 한국어와 중국어에서 화자가 청자에게 [+판정]의 정보를 요구할 때 발화한 문장이다. (66ㄱ)과 (67ㄱ)은 화행에서 화자가 청자에게 오늘 날씨가 춥냐 안 춥냐는 정보를 요청하고 (66ㄴ)과 (67ㄴ)은 화자가 청자에게 그 여자가 상대방의 여자친구인지 아닌지의 정보를 요청한다. 이때 (66)처럼 한국어 의문법 문장종결형 '-ㄴ가'

---

143 이에 대하여 제3장 형태적 대조 부분을 참고하기를 바란다.

와 '-나'에 대응하여 중국어 문말 어기조사 '吗'를 사용하는 것이 자연스럽다.

이에 비해 한국어 '-ㄴ가'와 '-나'가 [+설명]의 정보를 요구하는 경우는 좀 다르다. 이때 대응하는 중국어 문말 어기조사가 '啊' 또는 '呢'이다. 다음 예문 (68)과 (69)를 보자.

> (68) ㄱ. 자네 이번 사태를 어떻게 {보는가?/보나?} -글쎄, 그저 그렇다네.
> ㄴ. 그분은 언제 {오시는가?/오시나?} -저도 잘 모르겠는데요.
>
> (69) ㄱ. 你怎么看这次的事态{啊？/呢？} -这个嘛, 就那样吧。
> ㄴ. 那位什么时候来{啊？/呢？} -我也不知道呢。

(68)의 경우 '-ㄴ가'와 '-나'도 화용양태 [+정보요청]을 나타내는데 이때 [+판정]의 정보가 아니라 구체적인 [+설명]의 정보를 요구하고 있다. (68ㄱ)은 화자가 청자에게 명제에 담긴 내용인 이번 사태에 대한 견해를 물어보고 청자가 사태에 대한 구체적인 설명적 정보를 요구한다. 이에 대응하여 중국어세 (69ㄱ)과 같이 문말 어기조사 '啊'와 '呢'를 사용한다.

(68ㄴ)도 마찬가지이다. 화자가 '-ㄴ가' 또는 '-나'를 통해 명제 내용 '그분은 언제 오다'는 [+설명]의 정보를 청자에게 요청한다. 이때 역시 중국어에서 (69ㄴ)과 같이 '啊'와 '呢'가 자연스럽게 사용된다.

③ -오/소 : 吗, 啊, 呢

한국어에서 청자를 하오체의 등급으로 대우하는 의문법 문장종결형은 '-오/소'이다. 이에 대응하는 중국어 의문어기 문말 어기조사는 마찬가

지로 '吗'와 '啊, 呢'이다. 기본적으로 이들이 [+정보요청]의 화용양태
를 나타내되 '吗'는 [+판정]의 정보를 요청할 때 사용되고 '啊'와 '呢'는
[+설명]의 정보를 요청할 때 사용된다. 다음 예문을 보자.

(70) ㄱ. 사장님 벌써 퇴근하셨소? -아니요, 잠깐 나가셨어요.
  ㄴ. 산모와 아기는 모두 건강하시오? -예, 모두 건강합니다.
  ㄷ. 그것이 정말 사실이오? -그럼요, 사실이고 말고요.
  ㄹ. 언제 출발하오? -오후 3시에 출발할 거예요.
  ㅁ. 김 선생, 요즘 어디에서 일하시오? -요즘 무역회사를 다녀요.

(71) ㄱ. 经理已经下班了吗？ -没有, 出去了一会。
  ㄴ. 产妇和孩子都平安吗？ -嗯, 都平安。
  ㄷ. 那个是事实吗？ -当然, 肯定是事实啊。
  ㄹ. 什么时候{出发啊？/出发呢？} -下午3点出发。
  ㅁ. 金老师, 最近在哪{上班啊/上班呢？} -最近在贸易公司上班。

(70ㄱ~ㄷ) 은 문장종결형 '-오/소'를 이용하여 화자가 청자를 적극
적으로 상정하여 하오체의 등급으로 대우하며 문장에 담긴 명제 내용에
대한 [+판정]의 정보를 요구한다. 이에 대응하는 중국어 의문어기 문말
어기조사는 (71ㄱ~ㄷ)과 같이 '吗'가 있다.

한편 (70ㄹ~ㅁ)은 '-오/소'가 청자에게 [+판정]의 정보가 아니라 [+설
명]의 정보를 요구하는 상황이다. 이에 대응하는 중국어 의문어기 문말
어기조사는 (71ㄹ~ㅁ)과 같이 '啊'와 '呢'가 있다.

④ -ㅂ니까/습니까 : 吗, 啊, 呢

'-ㅂ니까/습니까'도 한국어에서 기본적으로 의문법을 수행하는 문장
종결형이다. '-ㅂ니까/습니까'를 사용하면 화자가 청자를 합쇼체로 대우

하면서 문장에 담긴 명제 내용에 관하여 정보를 요청한다. 이에 대응하여 중국어 의문어기 문말 어기조사 '吗'와 '啊', '呢'가 있다.

우선 화자가 요구하는 정보가 [+판정] 의미의 정보라면 '-ㅂ니까/습니까'가 '吗'와 대응하는 것이 자연스럽다. 다음 예문 (72)와 (73)을 보자.

(72) ㄱ. 시험은 잘 치렀습니까? -아니요, 문제가 아주 까다로웠습니다.
　　ㄴ. 이 아이들이 당신의 자식입니까? -예, 그렇습니다.

(73) ㄱ. 考试考好了吗？ -没有, 题太难了。
　　ㄴ. 这些孩子们是您的孩子吗？ -嗯, 是的。

그리고 화자가 요구하는 정보가 [+설명] 의미의 정보라면 '-ㅂ니까/습니까'가 '啊' 또는 '呢'와 대응한다고 볼 수 있다. 다음 예문 (74)와 (75)를 보면 알 수 있다.

(74) ㄱ. 주차장이 어디 있습니까? -저쪽에 있습니다.
　　ㄴ. 요즘 건강이 어떻습니까? -덕분에 아무 건강합니다.

(75) ㄱ. 停车场{在哪啊？/在哪呢？} -在那边。
　　ㄴ. 最近健康{怎么样啊？/怎么样呢} -托您的福, 很健康。

⑤ -어/아 : 吗, 啊, 呢

한국어 반말의 문장종결형 '-어/아'도 마찬가지로 정보를 요청하는데 [+판정]의 정보를 요청할 수 있고 [+설명]의 정보를 요청할 수 있다. 이와 대응하여 중국어에서 각각 '吗'와 '啊'나 '呢'를 사용한다. 다음 예문 (76~79)를 보자.

(76) ㄱ. 너 벌써 집에 가? -응, 할 일이 있어.
　　ㄴ. 그 영화 재미있었어? -아니, 별로야.

(77) ㄱ. 你已经要回家了吗？ -嗯, 有事。
　　ㄴ. 那个电影好看吗？ -不, 一般。

(78) ㄱ. 언제 집에 가? -이따.
　　ㄴ. 이 옷 예뻐? -응, 예뻐.

(79) ㄱ. 什么时候回家？ -一会。
　　ㄴ. 这件衣服漂亮吗？ -嗯, 漂亮。

(76)과 (77)은 화용양태 [+판정]을 나타내는 경우인 데 반해 (78)과 (79)는 화용양태 [+설명]를 나타내는 경우이다.

[+정보확인]

[+정보확인]이란 화자가 화행에서 청자를 적극적으로 상정하여 청자에게 명제에 담긴 정보에 대하여 확인하는 화용양태를 말한다. 화용양태 [정보확인]을 수행하는 한국어 의문법 문장종결형은 대표적으로 반말을 이용한 '-지'와 합성형을 이용한 '-을래', '-련'이 있다. 다음으로 그들이 담화에서 중국어 의문어기 문말 어기조사와의 대응 관계를 살펴본다. 그리고 서로의 화용양태를 비교하고자 한다.

① -지(요) : 吧

화용양태 [+정보확인]을 나타낼 때 대표적으로 한국어 '-지(요)'와 중국어 '吧'가 있다. '-지(요)'와 '吧'도 [설명]과 [+판정]의 의미를 모도 나타낼 수 있다. 먼저 [+설명]의 정보를 확인하는 경우이다. 다음 담화

(80)과 (81)을 보자.

> (80) 철수: 사과 5000원, 딸기 10000원, 바나나 3000원…
>   영희: 총 얼마지(요)?

> (81) 哲秀: 苹果5000元, 草莓10000元, 香蕉3000元……
>   (사과 5000원, 딸기 10000원, 바나나 3000원…)
>   英熙: (你说)一共多少钱吧？(총 얼마인데?)

(80)에서 화자 영희가 명제 내용 '총 얼마다' 뒤에 '-지(요)'를 결합하여 철청자 수에게 물어본 것은 가격의 정보를 요구하기 때문이다. 즉 화자가 청자에게 정보를 요청한다. (81)에서 중국어의 경우도 마찬가지로 화자 英熙가 명제 내용 '一共多少钱(총 얼마다)' 뒤에 '吧'를 결합하여 청자 哲秀에게 무엇을 요구하고 있다. 다만 이때 화자가 요구하는 것은 정보가 아니라 가격을 알려주는 행동이다. 따라서 이때의 '吧'는 표면적으로 의문어기로 보이나 실제 발화에서 기사어기를 수행한다. 앞에 '你说' 정도의 말을 생략한 느낌이 든다. 문말억양을 통해서도 확인할 수 있다. 담화 (80)에서 '-지(요)'가 수행하는 문말억양은 상향조인 반면에 (81)에서 '吧'가 수행하는 문말억양은 급격한 하향조이다.

다시 말하자면 '-지(요)'로 끝나는 [+설명]의 정보를 요청하는 문장은 화자가 명제에 대한 의문과 청자에게 대한 정보요청을 나타낸다. 이와 달리 '吧'로 끝나면 화자가 명제에 대한 의문과 청자에게 대한 [+설명]의 정보를 알려주는 행동을 요구한다.

또한 [+판정]의 경우이다. 이때 '-지(요)'와 '吧'의 의미화용적 기능이 비교적 유사하다. 다음 담화 (82)와 (83)을 보자.

(82) 철수: 준희가 맨날 공부만 하는 것 같아. 그는 이번 시험에 합격했
　　　　지(요)?
　　　영희: 그럼, 합격했어.

(83) 哲秀: 俊熙好像每天都在学习, 他这次考试合格了吧？W
　　　英熙: 当然, 合格了。

　담화 (82)에서 철수는 준희가 매일 공부만 한다는 근거로 영희에게
준희가 이번 시험에 합격했냐고 물었다. 이때 철수가 '-지(요)'를 발화한
것은 그가 이미 그 근거 때문에 준희가 합격했을 것이라는 명제에 대하
여 어느 정도 믿음을 갖고 있기 때문이다. 동시에 청자 영희의 긍정적인
대답이 기대된다. 다시 말하자면 이때 화자가 명제에 대하여 확신적 태
도를 가지고 이러한 확신을 청자에게 전달하면서 [+확인]의 태도를 보
여준다.

　그런데 같은 상황인 중국어 '吧'의 경우에는 담화 (83)처럼 哲秀는 俊
熙가 매일 공부한다는 근거로 '他这次考试合格了(그는 이번 시험에 합격하였
다)'의 정보를 마음속으로 확신하는데도 의심한 태도를 드러낸다. 소위
소극적 확신인 것이다. 따라서 청자의 긍정적 대답에 대하여 '-지(요)'보
다 덜 기대된다. 다만 청자 英熙에게 확인하는 태도는 '-지(요)'와 동일
하다. 즉 [+판정]을 나타낼 때 화자가 '吧'를 발화하여 명제에 대해 확신
하면서도 추측하는 태도를 가지고 다시 청자에게 확인한다. 물론 화자가
명제에 대한 태도를 보면 이때의 확신은 의심보다 좀더 약하다.[144]

144　陆俭明(1984)에서는 '吧'가 의문문에서 나타날 때 문장의 문말어기가 '疑多于信'라고
　　말하였다. 陆俭明, 1984, 앞의 책. 이른바 '疑多于信'은 확신보다 의심이 크다는 말
　　이다. 자세한 내용은 주석 (127)을 참고하기 바란다.

② -ㄹ래 : 吗, 吧

한국어의 경우 의문법 문장종결형 '-ㄹ래'를 사용하면 화자가 청자를 반말의 등급으로 대우하는 것을 의미한다. '-ㄹ래'는 주어가 2인칭의 경우에 제한적으로 사용되고 동작성 서술어 어간에만 연결되는 사실을 보면 화자가 청자에게 명제에 담긴 행동을 하는지 아닌지의 정보를 확인하는 화용양태를 나타낸다. 이에 대응하여 중국어 문말 어기조사 '吗'와 '吧'를 사용한다. 다음 예문 (84)와 (85)를 보자.

(84) ㄱ. 네가 갈래? -응.
ㄴ. 이 책 좀 빌려 줄래? -그래, 빌려 가.
ㄷ. 그러면 네가 할래? -아니요, 전 다른 일이 있어요.

(85) ㄱ. 你{去吗？/去吧？} -嗯。
ㄴ. 这本书{借给我吗？/借给我吧？} -哦, 借去吧。
ㄷ. 那你{做吗？/做吧？} -不, 我有别的事情。

(84ㄱ)의 경우 특정의 맥락이 없으면 화자가 청자에게 '네가 가다'의 명제 정보를 단순히 요청하는 경우에도 사용되고 화자가 청자에게 '네가 가다'의 명제 정보를 확인하는 경우에도 사용된다. [+정보요청]을 나타내면 (85ㄱ)의 '吗'를 사용하는 경우에 해당되고 [+정보확인]을 나타내면 (85ㄱ)의 '吧'를 사용하는 경우에 해당된다. 그리고 나머지 (84ㄴ~ㄷ)과 (85ㄴ~ㄷ)은 모두 [+정보확인]의 경우에 해당되는데 각각 화자가 청자에게 '이 책 빌려 주다(这本书借给我)'와 '그럼 네가 하다(那你做)'의 확인적 정보를 요청한다.

③ -련 : 吗, 吧

'-련'의 경우 한국어에서 화자가 자신과 동등하거나 자신보다 낮은 사람에게 친근한 느낌을 더하는 경우에 사용된다. '-련'은 주어가 1인칭일 때만 사용되고 [+동작성]을 지니는 서술어 어간에만 연결되는 것을 보면 그가 화자 자신의 행동과 관련되는 정보에 대하여 의문을 제기한다. 예문을 통해 살펴보자.

> (86) ㄱ. 내가 도와 주련? -아니요, 나 혼자서 할 수 있습니다.
> ㄴ. 내가 마루를 닦으련? -응.

> (87) ㄱ. 我{帮你吗？/帮你吧？} -不, 我自己可以。
> ㄴ. 我{擦一下房梁吗？/擦一下房梁吧？} -嗯。

예문 (86)을 보면 '-련'은 명제 내용이 제시되는 정보를 화자 자신이 실행해도 되는지를 청자에게 확인하고 있다. (86ㄱ)의 경우 화자가 청자에게 자신이 도와줘도 되는지의 정보, (86ㄴ)의 경우 화자가 청자에게 자신이 마루를 닦을까 하는 정보를 요구한다. 다만 화자가 말하면서 명제에 담긴 자신의 행동을 하고자 하는 의도가 드러나서 청자에게 자신이 해도 되는지 확인의 의미를 나타낸다. 일종의 제안으로 볼 수 있다. 이와 같은 측면에서 '-련'은 [+정보확인]의 화용양태를 지닌다고 말할 수 있다.

(86)과 같은 한국어 '-련'의 문장과 대응하는 중국어 문장은 (87)과 같다. 보다시피, '吗'와 '吧'를 모두 사용할 수 있는데 '吗'보다 '吧'를 사용하면 화자 자신의 의도가 좀더 명확하다.

4.4.3.2. [문제제기]

[문제제기]는 화자가 [+상태]의 정보에 대하여 문제를 제기하는 화용양태를 말한다. [질문]에 비해 [문제제기]의 경우 화자가 청자를 대하는 태도가 비교적 소극적이다. 그리고 정보를 요구하는 의도가 강해 보이지 않는다.

한국어 의문법이 화용양태 [문제제기]를 수행하는 문장종결형에는 대표적으로 '-은가'와 '-을까'가 있다. 이에 대응하는 중국어 의문어기 문말 어기조사는 '呢'이다. 다음으로 한국어 '-은가', '-을까'와 중국어 '呢'를 대조하면서 검토한다.

-ㄴ가/-ㄹ까 : 呢

'-ㄴ가'와 '-ㄹ까'가 [문제제기]의 화용양태를 나타내는 경우 높임이나 낮춤의 정도를 따질 수 없다. 이때 화자가 구체적인 청자를 상정하지 않기 때문이다.

 (88) ㄱ. 환경 문제는 왜 나타나는가?
   ㄴ. 지구상에서 어떻게 생명이 비롯되었는가?

   ㄱ'. 环境问题是怎么产生的呢？
   ㄴ'. 地球上生命是如何起源的呢？

 (89) ㄱ. 인생이란 무엇일까?
   ㄴ. 인간에게 고향이란 무엇일까?

   ㄱ'. 人生是什么呢？
   ㄴ'. 对人们来说故乡是什么呢？

(90) ㄱ. 나는 어디에서 왔으며 또 어디로 향해 가는가?
ㄴ. 我从哪里来, 有去往何处呢？

위 (88~90)의 문장들은 화자가 구체적인 청자를 상정하지 않는 경우에 발화한 것이다. 이는 단독적 장면의 문제로 볼 수 있다.

한편 '-ㄴ가'와 비교할 때 '-ㄹ까'는 '-ㄹ-' 때문에 화용양태 [+추정]을 나타내기도 한다. 다음 예문 (91)과 (92)를 보면 알 수 있다.

(91) ㄱ. 환경 문제는 왜 나타나날까?
ㄴ. 지구상에서 어떻게 생명이 비롯되었을까?

(92) ㄱ. 인생이란 무엇인가?
ㄴ. 인간에게 고향이란 무엇인가?

위 (91ㄱ)의 명제 정보 '환경 문제는 왜 나타나다'와 (91ㄴ)의 명제 정보 '지구상에서 어떻게 생명이 비롯되다'는 화자가 추정할 수 있는 정보이다. 때문에 '-ㄹ까'를 사용한다. 이에 비해 (92ㄱ)의 명제 정보 '인생이란 무엇이다'와 (92ㄴ)의 명제 정보 '인간에게 고향이란 무엇인가'는 실제로 존재하는 사실에 대하여 문제제기를 하기 때문에 [-추정]의 '-ㄴ가'를 사용하는 것이 적절하다.

뿐말 아니라 시사적인 문제에 대하여 신문이나 잡지의 기사에서 '-ㄹ까'를 사용하면 어색하게 느껴진다. 이도 '-ㄹ까'가 화용양태 [+추정]을 나타내는 것을 보여준다. 글을 쓰는 기자가 지금 현재 부동산 대책이 문제가 있음을 문제제기를 하고 그 사실에 대하여 기술하면 [+추정]의 의미를 담은 '-ㄹ까'를 사용하는 것보다 현재의 사실을 그대로 문제제기를 하는 '-ㄴ가'를 사용하는 것이 절절하다. 다음 (93)을 보면 알 수 있다.

(93) ㄱ. 정부 부동산 대책, 이대로 좋은가?
ㄴ. ?정부 부동산 대책, 이대로 좋을까?

이에 비해 화용양태 [문제제기]를 수행하는 중국어 문말 어기조사 '呢'는 이러한 문제가 없다.

4.4.4. 소결

담화 맥락 또는 상황에서 의문법·의문어기를 선택할 때 화자가 청자를 적극적으로 상정하는 경우와 그렇지 않는 경우가 있다. 화자가 청자를 적극적으로 성정하는 경우라면 화용양태 [질문]을 나타내고 그렇지 않으면 화용양태 [문제제기]를 나타낸다고 본다.

화용양태 [질문]과 [문제제기]를 나타내는 경우 맥락 또는 상황에 따라 일정한 문장종결형과 문말 어기조사가 사용되어 다시 세밀한 화용양태를 나타낸다. 이때 한국어 문장종결형과 중국어 문말 어기조사의 대응양상, 그들이 나타내는 화용양태를 비교한 결과는 다음 <표 32>와 같이 정리할 수 있다.

〈표 32〉 의문법 · 의문어기의 화용양태와 실현양상

[질문]									[문제제기]			
[+정보요청]				[+정보확인]						[-추정]		[+추정]
[+판정]		[+설명]		[+판정]			[+설명]					
				[-확신]	[+확신]							
-냐 -니 -ㄴ가 -나	吗	-냐 -니 -ㄴ가 -나	啊 呢	-ㄹ래 -런	吗	-지(요)	吧	-지(요)	吧	-ㄴ까	呢	-ㄹ가	呢

-오 -ㅂ니까 -어(요)		-오 -ㅂ니까 -어(요)											

위 <표 32>와 같이 한국어 의문법과 중국어 의문어기는 화용양태 [질문]과 [문제제기]를 나타내는 동시에 다른 화용양태를 나타내기도 한다. 우선 [질문]의 경우에는 [+정보요청]과 [+정보확인]을 나타낼 수 있다. [+정보요청]과 [+청보확인]은 다시 [+판정]과 [+설명]의 경우로 나눌 수 있다. 그리고 [+정보확인, +판정]을 나타낼 때 [-확신]과 [+확신]의 차이가 보인다. 이에 비해 [문제제기]의 경우에는 화용양태 [-추정]과 [+추정]을 나타낸다.

한·중 문말서법(2)의 의미·화용적 대조

화자가 명제 내용을 [+상태]로 인식하느냐 [+행동]으로 인식하느냐에 따라 화자의 화행 의도가 달라진다. 앞 제4장에서 명제 내용이 [+상태]의 의미 특성을 보이는 한·중 문말서법(1)을 살펴보았다. 제5장에서는 명제 내용이 [+행동]의 의미 특성을 보이는 경우에 사용되는 한·중 문말서법(2)를 대조하여 살펴본다.

5.1. 한·중 문말서법(2)의 의미 및 특성

한·중 문말서법(2)는 화자가 명제 내용을 [+행동]으로 인식할 때 선택되는 문말서법이다. 한국어 문장종결법 중의 약속법, 허락법, 경계법, 명령법 그리고 공동법이 여기에 속한다. 이에 대응하여 중국어 문말어기 중의 약속, 허락과 경계의 의미를 나타내는 진술어기와 명령과 공동의 의미를 나타내는 기사어기가 여기에 속한다. 한·중 문말서법(2)는 앞에서 살펴본 한·중 문말서법(1)과 크게 다음과 같은 몇 가지 다른 점이 있다.

첫째, 화자는 진술하고자 하는 명제 내용을 [+행동]의 정보로 인식한다. 이는 화자가 자신이 말할 명제 내용에 대한 판단이고 한·중 문말서법(2)의 특성 중에서 가장 본질적인 것이다.[145]

둘째, 화자는 청자에 대하여 적극적으로 생각한다. 특히 한국어의 경우에는 대우법이 강력한 기능을 하고 있다. 이에 비해 중국어의 경우 뚜렷한 대우법 현상이 보이지 않지만 역시 청자를 적극적으로 설정하고 인식하는 특성이 보일 수 있다.[146]

셋째, 형태·통사적 제약을 받는다. 특히 한·중 문말서법(2)의 문장들은 명제 내용이 앞으로 실현될 행동을 나타내는 것이 일반적이기 때문에 시제나 상의 제약을 받기 마련이다. 예를 들어 보자.[147]

(1) ㄱ. 약속법: 오후에 {가마. *갔으마. *가느마. *가더마.}
　　ㄴ. 허락법: 더 놀고 {가려무나. *갔으려무나. *가느마. *가더마.}
　　ㄷ. 경계법: 조심해라, {다칠라. *다쳤을라. *다치늘라. *다치덜라.}
　　ㄹ. 명령법: 너 자신을 {알라. *알았으라. *아늘라. *알더라.}
　　ㅁ. 공동법: 밥을 같이 {먹자. *먹었자. *먹느자. *먹더자.}

　　ㄱ'. 약속 의미의 진술어기: 下午{去。 *正在去。 *去了₁。 }

145　한·중 문말서법(2)의 경우에 화자가 명제 내용을 [+행동]으로 판단한다는 사실에 대하여 이에 속하는 문말서법의 의미를 소개하는 부분을 참고하기를 바란다. 구체적으로 약속법·진술어기는 5.2.1. 부분, 허락법·진술어기는 5.3.1. 부분, 경계법·진술어기는 5.4.1 부분, 명령법·기사어기는 5.5.1. 부분, 그리고 공동법·기사어기는 5.6.1. 부분을 참고하기 바란다.

146　한국어와 중국어의 대우법에 대하여 3.2.2.3. 부분을 참조하기를 바란다.

147　한·중 문말서법의 형태·통사적 제약은 3.1.1.과 3.2.1. 부분에서 구체적으로 확인할 수 있다.

ㄴ'. 허락 의미의 진술어기: 再玩玩再{走吧。 *正在走。 *走了₁。}

ㄷ'. 경계 의미의 진술어기: 小心, {受伤了₂。 *正在受伤。 *受伤了₁。}

ㄹ'. 명령 의미의 기사어기: {认识 *正在认识 *认识了₁}你自己。

ㅁ'. 공동 의미의 기사어기: 一起{吃饭吧。 *正在吃饭吧。 *吃饭了₁吧}。

한편 한·중 문말서법(2)의 문장들은 동작성 서술어와만 결합한다.[148] 이 특성은 본질적으로 명제 내용이 [+행동]의 의미 특성을 지니는 담화 상의 제약에서 비롯한다. 다음 예문 (2)를 보자.

(2) ㄱ. 약속법: 나는 {가마, *예쁘마, *학생이마}.

　　ㄴ. 허락법: 이제 {기려무나, *예쁘려무나, *학생이려무나}.

　　ㄷ. 경계법: 그러다가 감기 {들라, *예쁠라, *학생일라}.

　　ㄹ. 명령법: 맞는 답을 골라 {써라, *예뻐라. *핵생이어라}.

　　ㅁ. 공동법: 철수야, {학교가자, *예쁘자, *학생이자}.

　　ㄱ'. 약속 의미의 진술어기: 我会{去的, *漂亮的, *学生的}。

　　ㄴ'. 허락 의미의 진술어기: 现在{走吧, *漂亮吧, *学生吧}。

　　ㄷ'. 경계 의미의 진술어기: 这样下去该{感冒了₂, *漂亮了₂, *学生了₂}。

　　ㄹ'. 명령 의미의 기사어기: 选择正确的答案{写啊, *漂亮啊, *学生啊}。

　　ㅁ'. 공동 의미의 기사어기: 哲秀, {去学校吧, *漂亮学校吧, *学生学校吧}。[149]

---

148 동작성 서술어는 동사만 말하는 것이 아니라 일부 동작성을 지니는 형용사도 포함한다.

149 물론 여기 (2)의 예문들에서 비문이 되는 것은 서술어의 의미 특성 때문이기도 하지만 그들의 품사적 특성과도 관계가 있다.

5.2. 약속법과 진술어기

한국어 약속법에 대응하는 중국어 문말서법은 약속의 의미를 나타내는 진술어기이다. 우선 한국어 약속법과 중국어 약속의 의미를 나타내는 진술어기가 지니는 의미와 특성을 살펴본다. 다음으로 한국어 약속법과 중국어 약속 의미의 진술어기가 맥락에서 화용양태와 상호작용하여 문법요소가 선택되는 특성을 검토한다. 마지막으로 약속법과 약속 의미의 진술어기가 선택되는 상황에서 문장종결형과 문말 어기조사가 나타내는 화용양태를 비교한다.

5.2.1. 약속법·진술어기의 의미

중국어 진술어기에서 약속의 의미를 나타내는 경우가 있다. 이때의 진술어기는 한국어 문장종결법 중의 약속법에 대응된다. 다음으로 명제 내용 기준과 행위참여자 기준, 진술 방식 기준 등을 적용하여 약속법·진술어기의 의미를 살펴보고자 한다.

1) 명제 내용 기준

명제 내용의 기준을 보면 한국어 약속법과 중국어 약속 의미의 진술어기는 모두 화자가 명제 내용을 [+행동]으로 판단할 때 선택된다. 화행의 측면에서 보면 화자가 명제에서 드러내는 행동을 청자에게 약속한다.

[+행동]은 문말서법(2)에 속히는 문장종결법과 문말어기들이 지니는 공통적인 특성이다. 때문에 명제 내용의 기준만으로는 약속법·진술어기를 완전하게 변별하지 못한다. 행위참여자의 기준을 통해 살펴볼 필요가

있다.

2) 행위참여자 기준

행위참여자 기준으로 볼 때 한국어 약속법과 중국어 약속 의미의 진술어기는 화자가 명제에서 나타내는 행동을 자신이 실행할 것을 생각할 때 선택된다. 다시 말해 화자는 자신을 문장의 행동주로 인식하고 문장에 담긴 행동을 스스로 실행할 것을 믿고 있다. 이는 약속법·진술어기의 문장에서 주어가 1인칭만 가능하다는 것을 통해 알 수 있다.[150] 다음 예문 (3)을 보자.

> (3) ㄱ. 내가 꼭 (너를) 도와주마.
> ㄴ. *네가 꼭 (너를) 도와주마.
> ㄷ. *그가 꼭 (너를) 도와주마.
>
> ㄱ'. 我一定会帮你的。
> ㄴ'. *你一定会帮你的。
> ㄷ'. ?他一定会帮你的。

(3ㄱ)과 (3ㄱ')는 각각 한·중 두 언어에서 화자가 청자에게 자신이 도와준다는 행동을 실행할 것을 약속하는 문장이다. 그리하여 주어가 2인칭인 (3ㄴ)과 (3ㄴ'), 주어가 3인칭인 (3ㄷ)과 (3ㄷ')는 약속법·진술어기의 문장이 될 수 없다. 특히 (3ㄷ')의 중국어 문장이 문법적으로 맞는 문장이지만 약속의 의미를 나타내는 담화 환경에서 사용하면 안 된다.

---

150 이에 대하여 3.2.1.1. 한·중 문말서법의 주어 제약을 소개하는 부분을 참고하기 바란다.

3) 진술 방식 기준

진술 방식의 관점에서 보면 한국어 약속법과 중국어 약속 의미의 진술어기는 모두 화자가 명제 내용을 청자에게 전달한다고 생각할 때 선택된다. 즉 화자가 자신이 스스로 실행할 행동을 청자에게 요구하는 것이 아니라 전달을 하는 것이다.

위의 논의를 요약하면 한국어 약속법과 중국어 약속 의미의 진술어기가 가지는 의미는 다음 <표 33>과 같이 정리할 수 있다.[151]

〈표 33〉 약속법·진술어기의 의미

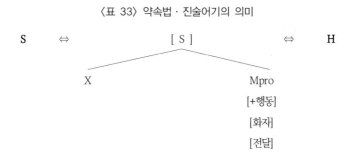

위 <표 33>과 같이 약속법·진술어기는 화자가 문장에 담긴 [+행동]의 명제 정보를 자신이 실행할 것을 청자에게 전달하는 문말서법이다.

5.2.2. 약속법·진술어기와 화용양태의 상호작용

한국어 약속법과 중국어 약속 의미의 진술어기는 화자가 맥락 또는

151　여기서 Mpro는 Promissive Mood의 약칭이다. 한국어 약속법과 중국어 약속 의미의 진술어기를 나타내는 용어이다.

상황에서 청자에게 약속하는 경우에 선택된다. 약속하는 경우에 주로 화용양태 [의지]와 [승낙]을 나타낸다. [의지]는 화자가 청자에게 약속을 하되 자신의 생각을 더 중요시하는 화용양태이고 [승낙]은 화자가 청자를 좀더 적극적으로 인식하여 청자를 위해 무엇을 하겠다는 화용양태이다. 한국어 약속법과 중국어 약속 의미의 진술어기는 화용양태 [의지], [승낙]과 상호작용하여 일정한 문장종결형과 문말 어기조사가 사용된다.[152] 다음 <그림 8>을 보자.

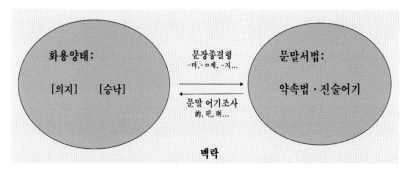

〈그림 8〉 약속법·진술어기와 화용양태 [의지]/[승낙]의 상호작용적 특성

<그림 8>처럼 화자가 청자를 약속법·진술어기의 태도로 대할 때 화용양태 [의지] 또는 [승낙]을 나타낸다. 이러한 화자의 담화 의도를 이루기 위하여 한·중 두 언어에서 각각 특정한 문장종결형이나 문말 어기조사가 사용된다.

---

152 [의지]와 [승낙]은 서로 배타적인 개념이 아니다. 약속법·진술어기가 나타나는 핵심적인 화용양태를 말한다. 다시 말해 [의지]를 핵심적으로 나타난다고 [승낙]의 의미가 없는 것이 아니고 [승낙]을 핵심적으로 나타난다고 [의지]의 의미가 없는 것이 아니다. 이는 감탄법·감탄어기가 [처음 앎]과 [지각]을 나타내는 경우와 동일하다.

5.2.3. 약속법·진술어기의 화용양태

화자가 약속법·진술어기를 선택할 때 화용양태 [의지]나 [승낙]을 표현한다. 이때 사용되는 문장종결형과 문말 어기조사는 맥락에 따라 다시 다양한 화용양태를 나타낼 수 있다. 여기서는 우선 약속법·진술어기가 [의지]와 [승낙]을 실현하는 경우에 한국어 문장종결형과 중국어 문말 어기조사의 대응 양상을 살펴본다. 그리고 서로 대응하여 사용되는 한국어 문장종결형과 중국어 문말 어기조사가 지니는 세부적인 화용양태를 논의할 것이다.

5.2.3.1. [의지]

약속법·진술어기가 화용양태 [의지]를 나타내는 경우에 화자가 청자를 적극적으로 인식하지 않아 자신의 생각을 더 중요시한다. 이때 사용되는 문장종결형과 문말 어기조사, 그리고 그들의 세부적인 화용양태를 살펴보면 다음과 같다.

-마, -ㅁ세 : Ø, 的

한국어에서 약속법을 나타내는 문장종결형은 우선 해라체의 '-마'와 하게체의 '-ㅁ세'가 있다. '-마'와 '-ㅁ세'는 모두 화용양태 [의지]를 나타내는 경우에 사용할 수 있다. 이에 대응하여 중국어에서 무표적인 영범주 문말 형식 'Ø'가 있다. 다음 예문 (4)를 보자.

(4) 그 일은 내가 하마./함세.

(5) 那件事我(会)做。

위 (4)의 경우 '-마'와 '-ㅁ세'를 사용하여 명제 정보 '그 일은 내가 하다'는 행동을 실행하겠다는 화자의 [의지]를 나타낸다. 이에 대응하여 (5)의 경우 'Ø'를 사용할 수 있다. 다만 (5)의 경우 화자의 의지를 나타내는 조동사 '숲(-ㄹ 것-/-겠-)'를 사용하면 화자의 화용양태 [의지]를 좀더 뚜렷하게 전달할 수 있다.

이에 비해 중국어 문말 어기조사 '的'를 사용하는 경우가 다르다. 다음 예문 (6)을 통해 살펴보자.

> (6) ㄱ. 那件事我会做的。
> ㄴ. *那件事我做的。

위 (6)을 보면 중국어 문말 어기조사 '的'을 사용하면 의지 조동사 '숲'가 없으면 안 된다. 이때 '숲'는 화자의 [의지]를 나타내는 데 결정적인 역할을 하고 '的'은 명제 정보 '那件事我会做'에 대한 화자의 [+확신]의 태도를 나타낸다. 동시에 청자에 대한 화자의 화용양태 [+확신시킴]을 나타낸다.[153] 즉 화자가 명제의 행동을 실행하겠다는 [의지]를 청자로 하여금 믿도록 한다.

5.2.3.2. [승낙]

약속법·진술어기가 화용양태 [승낙]을 나타내는 경우는 화자가 청자를 적극적으로 상정하는 경우를 말한다. 다시 말해 화자가 명제 내용의 행동을 청자를 위해 실행하겠다는 것이다. 화자가 청자에게 이렇게 해

---

153 '的'이 화용양태 [+확인시킴]을 지닌다는 것은 4.2.3.에서 자세히 논의되어 있다.

줌으로써 청자에게 일정한 영향을 줄 수 있다.

① -지(요) : 吧

'-지(요)'와 '吧'는 각각의 언어에서 구어로 사용하여 약속법·진술어기를 실현하고 화용양태 [승낙]을 나타낼 수 있다. 이때 '-지'와 '吧'가 사용되는 문장들이 수행하는 문말 억양은 하향 이후에 하평조, 즉 하향 평탄조이다. 다음 예문 (7)을 보자.

> (7) ㄱ. 내가 너희들을 데리고 가지.
> ㄴ. 내가 물어보지.
>
> ㄱ'. 我领你们去吧。
> ㄴ'. 我来问吧。

위 (7ㄱ)은 [+행동]의 명제 '내가 너희들을 데리고 가다'에 '-지(요)'를 결합하여 화자가 그 행동을 청자를 위해 실행하겠다는 의미를 나타낸다. 즉 화용양태 [승낙]을 나타내는 것이다. (7ㄴ)도 마찬가지로 [+행동]의 명제 내용 '내가 물어보다' 뒤에 '-지(요)'가 결합되어 화자가 자신이 실행할 행동을 청자에게 승낙한다. 이에 대응하는 중국어의 문장은 (7ㄱ')와 (7ㄴ')와 같이 문말 어기조사 '吧'를 사용하고 있다.

② -ㄹ게 : 啊

약속법·진술어기에서 [승낙]을 나타낼 때에 한국어 문장종결형 '-ㄹ게'와 중국어 문말 어기조사 '啊'가 선택되기도 한다. 이는 '-지(요) : 吧'에 비해 [+친근]의 화용양태를 더해 준다.[154] 예문을 들어 보자.

(8) 다시 연락할게.

(9) (我)再联系(你)啊。

위 한국어의 예문 (8)에서 '-ㄹ게'를 사용하여 화자의 의지를 나타내기도 하지만 화자가 청자에게 명제의 행동을 해 주겠다는 [승낙]을 나타내기도 한다. 이에 대응하여 중국어의 예문 (9)에서 '啊'를 사용하게 된다.

5.2.4. 소결

화자가 약속법·진술어기를 선택할 때 맥락에 따라 화용양태 [의지]나 [승낙]을 나타낸다. 약속법·진술어기와 화용양태 [의지]/[승낙]이 상호작용하여 일정한 문장종결형과 문말 어기조사가 사용된다. 이때 문장종결형과 문말 어기조사의 대응 양상, 그리고 그들이 지니는 각자의 세부적인 화용양태는 다음 <표 34>와 같이 정리할 수 있다.

〈표 34〉 약속법 · 진술어기의 화용양태와 실현양상

[의지]				[승낙]			
[-확신시킴]		[+확신시킴]		[-친근]		[+친근]	
-마 -ㅁ세	Ø	会…的		-지(요)	吧	-ㄹ게	啊

<표 34>와 같이 한국어 약속법의 문장종결형에서 핵심적으로 화용양

---

154 '-ㄹ게'와 '啊'가 화용양태 [+친근]은 나타낸다는 사실은 각각 윤석민(2000)과 金智姸(2011)에서 확인할 수 있다. 윤석민, 2000, 앞의 책. 金智姸, 2011, 앞의 논문.

태 [의지]를 나타내는 것은 '-마'와 '-ㅁ세'이다. 이에 대응하여 중국어에 무표적인 영범주 'Ø'와 유표적인 '的'이 있다. '的'은 의지 조동사 '会'와 결합하여 화용양태 [+확신시킴]을 나타낸다. 이에 비해 핵심적으로 화용양태 [승낙]을 나타내는 경우에 한국어 문장종결형 '-지(요)'와 '-ㄹ게', 중국어 문말 어기조사 '吧'와 '啊'가 있다. 다만 '-지(요) : 吧'와 비교할 때 '-ㄹ게 : 啊'는 화용양태 [+친근]을 나타낸다.

5.3. 허락법과 진술어기

한국어 허락법과 대응하는 중국어 문말서법은 허락의 의미를 나타내는 진술어기이다. 여기서 한국어 허락법과 중국어 허락 의미를 나타내는 진술어기가 지니는 의미와 특성을 살펴본 다음에 허락법과 허락 의미의 진술어기가 맥락에서 화용양태와 상호작용하여 문법요소 문장종결형과 문말 어기조사가 선택되는 특성을 살펴본다. 그리고 이를 바탕으로 허락법과 허락 의미의 진술어기가 선택되는 상황에서 문장종결형과 문말 어기조사의 대응 양상, 그리고 그들이 나타내는 화용양태를 비교한다.

5.3.1. 허락법·진술어기의 의미

중국어 진술어기가 실현될 때 화자가 청자에게 허락의 의미를 전달하는 경우가 있다. 이때의 중국어 진술어기는 한국어 문장종결법 중의 허락법과 같은 문말서법이라고 말할 수 있다. 여기서는 명제 내용 기준과 행위참여자 기준, 진술 방식 기준, 그리고 진술 태도 기준을 모두 적용하여 한국어 허락법과 중국어 허락 의미의 진술어기가 가지는 의미 특성을 살펴보고자 한다.

1) 명제 내용 기준

문말서법(2)에 속하는 모든 문말서법과 마찬가지로 허락법·진술어기는 화자가 문장에 담긴 명제 내용을 [+행동]의 정보로 인식하고 있을 때 선택된다. 화행의 관점에서 볼 때 화자가 명제에서 드러내는 행동을 청자보고 허락한다.

2) 행위참여자 기준

행위참여자 기준을 고려할 때 허락법·진술어기는 명제 내용이 나타내는 행동이 청자에 의하여 실행할 경우에 사용된다. 이는 허락법·진술어기의 문장들의 주어가 모두 2인칭이라는 통사적인 특성을 보면 알 수 있다.[155] 다음 예문 (10)을 통해 살펴보자.

> (10) ㄱ. 너 더 놀고 가려무나.
> ㄴ. *나 더 놀고 가려무나.
> ㄷ. *그 더 놀고 가려무나.
>
> ㄱ'. 你再玩玩再走吧。
> ㄴ'. ?我再玩玩再走吧。
> ㄷ'. ?他再玩玩再走吧。

---

155 한·중 문말서법의 주어 제약에 대하여 3.2.1.1. 부분에서 구체적으로 논의되어 있다.

위 (10ㄱ)은 한국어에서 화자가 청자에게 '더 놀고 가다'는 행동을 실
행한다는 것을 허락하는 문장이다. 이에 대응하는 중국어 문장은 (10ㄱ')
이다. (10ㄱ)과 (10ㄱ')의 주어 '너'와 '你'는 모두 2인칭이다. 이때 주어
가 1인칭인 (10ㄴ)과 (10ㄴ'), 주어가 3인칭인 (10ㄷ)과 (10ㄷ')는 허락
법·진술어기의 문장이 될 수 없다. 한국어의 경우 (10ㄴ)과 (10ㄷ)은 비
문이다. 이에 비해 중국어의 경우 (10ㄴ')와 (10ㄷ')는 통사적으로 비문
이 아니지만 허락의 의미를 나타내는 문장이 아니다.

3) 진술 방식 기준

진술 방식의 관점에서 볼 때 허락법·진술어기는 화자가 명제 행동의
실행을 청자에게 허락함을 전달할 때 사용된다. 이 점은 화자가 청자에
게 명제의 행동을 요구하는 명령법·기사어기와 구별된다. 다음 예문
(11)을 보자.

> (11) ㄱ. 이제 가려무나. (허락법)
>   ㄴ. 이제 가라. (명령법)
>
>   ㄱ'. 现在可以走了。 (허락 의미의 진술어기)
>   ㄴ'. 现在走吧。 (명령 의미의 기사어기)

(11ㄱ)과 (11ㄱ') 허락법·진술어기의 문장에서 화자는 청자가 명제의
행동 '이제 가다(现在可以走)'를 실행할 수 있다고 청자에게 허락함을 전달
한다. 이와 달리 (11ㄴ)과 (11ㄴ') 명령법·기사어기의 문장은 화자가 명
제의 행동 '이제 가다(现在走)'를 청자에게 요구하고 있다.

4) 진술 태도 기준

허락법·진술어기를 설명하는 데에 진술 태도 기준을 적용한다는 것은 허락법·진술어기를 경계법·진술어기와 구별하기 위한 것이다. 경계법·진술어기와 비교할 때 허락법·진술어기는 화자가 명제 내용에 대하여 주관적 정서 없이 전달될 때 사용된다.[156] 다음 예문(12)를 보면 알 수 있다.

> (12) ㄱ. 아이스크림을 먹고 싶으면 먹으려무나. (허락법)
> ㄴ. 아이스크림을 먹으면 배탈이 날라. (경계법)
>
> ㄱ'. 想吃冰激凌就吃吧。(허락 진술어기)
> ㄴ'. 吃冰激凌该拉肚子了。(경계 진술어기)

(12ㄱ)과 (12ㄱ')처럼 허락법과 허락 의미의 진술어기를 나타내는 문장의 경우에는 화자가 명제의 행동 '아이스크림을 먹고 싶으면 먹다(想吃冰激凌就吃)'를 청자에게 평범하게 전달하고만 있다. 그러나 이와 달리 (12ㄴ)과 (12ㄴ')와 같이 경계법과 경계 의미의 진술어기를 나타내는 문장의 경우에는 화자가 명제의 행동 '아이스크림을 먹으면 배탈이 나다(吃冰激凌该拉肚子)'를 청자에게 전달하면서 개인적인 정서가 들어 있다. 즉 청자가 아이스크림을 안 먹었으면 좋겠다는 화자의 의도가 포함되어 있다.

위의 논의를 요약하여 한국어 허락법과 중국어 허락 의미의 진술어기가 가지는 의미는 다음 <표 35>와 같이 정리할 수 있다.[157]

---

156 경계법·진술어기의 의미에 대하여 5.4.1. 부분을 참고하기를 바란다.
157 <표 35>에서 Mper는 Permissive Mood의 약칭으로 허락법과 허락 의미의 진술어기를 가리킨다.

〈표 35〉허락법 · 진술어기의 의미

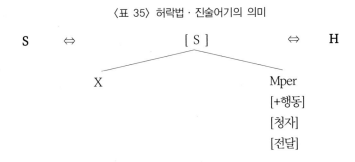

위 <표 35>에서 보여주듯이 허락법·진술어기는 화자가 문장에 담긴 [+행동]의 명제 내용을 청자가 앞으로 실행할 수 있다고 주관적 정서 없이 청자에게 전달하는 문말서법이다.

5.3.2. 허락법 · 진술어기와 화용양태의 상호작용

맥락 또는 상황에서 화자가 청자에게 어떤 행동을 허락하는 경우에는 문말서법 중의 허락법이나 허락 의미의 진술어기를 선택하여 발화한다. 이때 맥락에서 나타내는 화용양태는 주로 [허락]이 있다.

한국어 허락법과 중국어 허락 의미의 진술어기는 화용양태 [허락]과 상호작용적 관계를 이룬다. 이러한 허락법·진술어기와 화용양태 [허락]이 맥락에 따라 상호작용하여 일정한 문장종결형이나 문말 어기조사가 선택되어 사용한다. 이러한 관계는 다음 <그림 9>와 같이 제시할 수 있다.

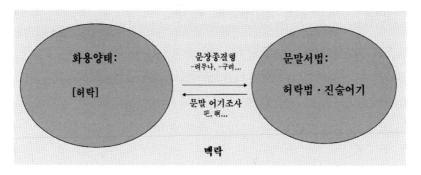

〈그림 9〉 허락법·진술어기와 화용양태 [허락]의 상호작용적 특성

<그림 9>와 같이 화자가 청자를 허락법·진술어기의 태도로 대하면 화용양태 [허락]을 나타낸다. 화자의 이러한 담화 의도를 달성하기 위하여 한·중 두 언어에서 각각 일정의 문장종결형과 문말 어기조사가 사용된다.

5.3.3. 허락법·진술어기의 화용양태: [허락]

화자가 허락법이나 허락 의미의 진술어기를 선택하면 그가 청자에 대한 [허락]의 의미를 나타낸다. 이때 일정한 문장종결형이나 문말 어기조사가 사용된다. 그런데 이때 사용되는 문장종결형과 문말 어기조사는 동일하게 화용양태 [허락]을 나타내지만 미묘하게 차이가 있을 수 있다.

우선 허락법·진술어기가 [허락]을 나타내는 경우에 한·중 두 언어에서 문법요소의 대응 양상을 살펴본다. 다음으로 서로 대응되는 문법요소가 지니는 구체적인 화용양태의 차이도 논의한다.

-려무나, -게나. -구려, -어(요) : 吧, 啊, Ø

한국어에서 허락법을 수행하는 문장종결형은 화용양태 [허락]을 나타 낼 때 우선 해라체의 '-려무나', 하게체의 '-게나' 그리고 하오체의 '-구 려'가 있다. 그리고 '-어(요)'도 있다. 이에 대응하는 중국어 문말 어기조 사는 '吧'와 '啊', 'Ø'가 있다. 다음 예문 (13)과 (14)를 살펴보자.

(13) ㄱ. 그렇다면 먼저 떠나려무나.
　　 ㄴ. 그렇다면 먼저 떠나게나.
　　 ㄷ. 그렇다면 먼저 떠나구려.
　　 ㄹ. 그렇다면 먼저 떠나(요).

(14) ㄱ. 那样的话你先走吧。
　　 ㄴ. 那样的话你先走啊。
　　 ㄷ. 那样的话你先走。

위 (13) 한국어의 경우 '-려무나', '-게나', '-구려' 그리고 '-아(요)'를 사용하여 화자가 명제의 행동 정보 '그렇다면 먼저 떠나다'에 관하여 청 자에게 [허락]의 태도를 나타낸다. 이에 대응하여 중국어에서 (14)과 같 이 문말 어기조사 '吧', '啊' 그리고 'Ø'를 사용하고 있다.

좀더 세부적으로 말하자면 중국어 문말 어기조사 '啊'를 사용하면 화 용양태 [+친근]을 나타내는 것이 특징이다. '啊' 다음으로 '吧'가 있고 또한 'Ø'가 있다.

5.3.4. 소결

화자가 허락법·진술어기를 선택할 때 화용양태 [허락]을 나타낸다. 이

때 사용되는 한국어 문장종결형과 중국어 문말 어기조사는 맥락에서 비
교적 단순한 화용양태를 나타낸다. 다음 <표 36>을 보자.

〈표 36〉 허락법·진술어기의 화용양태와 실현양상

[허락]		
[-친근]		[+친근]
-려무나 -게나 -구려 -어(요)	吧 ∅	啊

<표 36>과 같이 한국어 허락법과 중국어 허락 의미의 진술어기는 주
로 화용양태 [허락]을 나타난다. 이때 사용되는 문법요소는 한국어 문장
종결형 '-려무나'과 '-게나', '-구려', '-어(요)'가 있고 중국어 문말 어기
조사 '吧', '啊' 그리고 영범주 '∅'가 있다. 그 중에서 '啊'는 화자가 청자
에 대한 [+친근]의 심리적 태도를 나타낼 수 있다.

5.4. 경계법과 진술어기

한국어 경계법에 대응하는 중국어 문말어기는 경계의 의미를 나타내
는 진술어기이다. 여기서 우선 한국어 경계법과 중국어 경계 의미의 진
술어기가 지니는 의미 특성을 살펴보고자 한다. 이를 바탕으로 한국어
경계법과 중국어 경계 의미의 진술어기가 맥락에서 화용양태와 상호작
용하여 사용되는 문장종결형과 문말 어기조사의 대응 양상, 그리고 서로
대응되는 문장종결형과 문말 어기조사가 맥락에서 나타내는 다양한 화

용양태를 논의한다.

5.4.1. 경계법 · 진술어기의 의미

중국어 진술어기가 실현될 때 화자가 청자에 대한 경계의 태도를 드러내는 경우가 있다. 이때의 중국어 진술어기는 한국어 문장종결법 중의 경계법과 대응되는 문말서법으로 볼 수 있다. 여기서 명제 내용 기준과 행위참여자 기준, 진술 방식 기준, 진술 태도 기준을 모두 적용하여 한국어 경계법과 중국어 경계 의미의 진술어기가 가지는 의미를 살펴본다.

1) 명제 내용 기준

한국어 경계법과 중국어 경계 의미의 진술어기도 화자가 문장에 담긴 명제 내용을 [+행동]의 정보로 판단할 때 선택되는 문말서법이다. 다만 이때의 행동은 보통 청자에게 이롭지 않은 행동이다. 다음 예문 (15)과 (16)을 통하여 살펴보자.

(15) 옷도 얇게 입고 감기 들라.

(16) 衣服也穿那么少, 该感冒了₂。

위 예문 (15)와 (16)은 각각 한·중 두 언어에서 청자에 대한 화자의 경계의 심리적 태도를 나타내는 문장이다. (15) 한국어 문장의 명제 내용 '옷도 얇게 입고 감기 들다'와 (16) 중국어 문장의 명제 내용 '衣服也穿那么少, 该感冒了₂'는 모두 [+행동]의 의미 특성을 지니고 있다. 그리고 감기 든다는 것은 청자에게 이로운 일이 아니다.

2) 행위참여자 기준

행위참여자의 기준을 보면 경계법·진술어기는 화자가 명제의 행동이 청자를 중심으로 이루어진다고 생각할 때 선택된다. 그리고 화자의 생각으로 이러한 행동은 청자에 의해 이루게 된다면 청자에게 부정적인 영향을 줄 수 있다.

3) 진술 방식 기준

진술 방식의 관점에서 볼 때 경계법·진술어기는 화자가 청자에게 명제 내용을 전달하는 경우에 선택되는 문말서법이다. 화자가 어떤 부정적인 결과가 일어나지 않게끔 상대방에게 명제의 행동을 하지 말라고 요구하는 것이 아니라 오로지 청자로 하여금 명제의 행동이 일어날 수 있다는 사실을 인식하도록 해 준다.

다시 위의 예문 (15)와 (16)을 보자. 화자는 옷을 얇게 입으면 감기 들겠다는 명제 내용을 청자에게 전달하여 청자로 하여금 그것을 인식하도록 한다. 청자에게 감기 들라고 요구하는 것이 아니다.

4) 진술 태도 기준

진술 태도는 화자가 명제 내용을 객관적으로 전달하느냐 그렇지 않으면 거기에 주관적 정서를 더하여 전달하느냐와 관련되는 문제이다. 한국어 경계법과 중국어 경계 의미의 진술어기는 화자가 주관적 정서를 가지면서 전달하는 경우에 해당된다. 다음 예문 (17)과 (18)을 보자.

(17) (조용해라) 아기 다 깨울라.

(18) (安静点) 都把孩子吵醒了₂。

(17)과 (18)의 경우 화자가 명제 내용 '아이 다 깨우다(都把孩子吵醒)'를 청자에게 전달할 때 명제의 동작이 실제로 상대방에게 일어날까 봐 화자가 걱정하는 정서를 드러낸다. 다시 말해 화자는 경계법이나 경계 의미의 진술어기를 사용하여 명제의 이롭지 않은 동작이 청자에게 일어나지 않도록 청자에게 주의를 환기시킨다. 동시에 화자의 주관적인 정서를 드러낸다.[158]

위의 논의를 종합하여 경계법·진술어기의 의미 특성을 정리하면 다음 <표 37>과 같이 도식화할 수 있다.[159]

〈표 37〉 경계법 · 진술어기의 의미

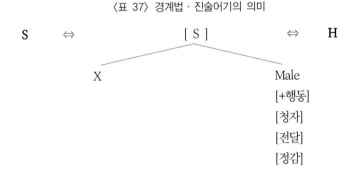

위 <표 37>과 같이 한국어 경계법과 중국어 경계 의미의 진술어기는

---

158 여기서 화자의 주관적 정서는 화용양태에 관계된다.
159 <표 37>에서 Male라는 것은 Alertive Mood의 약칭으로 한국어 경계법과 중국어 경계 의미의 진술어기를 말한다.

서로 대응되는 문말서법이다. 경계법·진술어기는 화자가 앞으로 청자에게 일어날 부정적인 행동에 대하여 주관적 정서를 담아 청자에게 전달하는 경우에 사용된다. 이때 화자의 주관적 정서는 염려와 경고 등이 있다.

5.4.2. 경계법 · 진술어기와 화용양태의 상호작용

담화에서 한국어 경계법과 중국어 경계 의미의 진술어기는 맥락에 따라 화용양태 [염려]나 [경고]를 나타낸다. [염려]와 [경고]는 모두 청자에 대한 화자의 경계하는 심리적 태도를 나타내지만 [염려]는 화자가 명제의 이롭지 않은 행동이 청자에게 일어날까 봐 염려되어 경계하는 경우에 나타내는 화용양태이고 [경고]는 화자가 명제의 부정적인 동작이 청자에게 일어날 수 있다고 경고하기 위하는 상황에 나타내는 화용양태이다.

의사소통에서 경계법·진술어기는 화용양태 [염려] 또는 [경고]와 상호작용하여 한·중 두 언어에서 각각 일정한 문장종결형 또는 문말 어기조사가 선택되어 그 기능을 수행한다.

지금까지 논의한 경계법·진술어기와 화용양태 [염려]/[경고]의 상호작용적 특성은 다음 <그림 10>과 같이 정리할 수 있다.

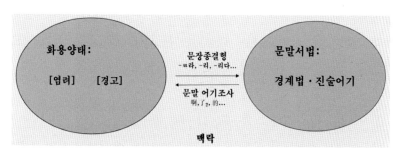

〈그림 10〉 경계법 · 진술어기와 화용양태 [염려]/[경고]의 상호작용적 특성

<그림 10>과 같이 화자는 경계법·진술어기를 사용할 때 화용양태 [염려] 또는 [경고]를 나타낼 수 있다. 이러한 의사소통적 목적을 달성하기 위하여 한국어의 경우 '-ㄹ라', '-리', '-리다' 등 문장종결형을 사용하고 중국어의 경우 '啊', '了₂', '的' 등 문말 어기조사를 사용한다.

5.4.3. 경계법·진술어기의 화용양태

담화에서 화자가 경계법·진술어기를 사용할 때 화용양태 [염려]나 [경고]를 나타낸다. 이때 서로 대응하여 사용되는 한국어 문장종결형과 중국어 문말 어기조사는 맥락에 따라 다른 화용양태를 나타낼 수 있다.

여기서 우선 경계법·진술어기가 화용양태 [염려]와 [경고]를 나타낼 때 문장종결형과 문말 어기조사의 대응 양상을 살펴본 다음에 서로 대응되는 문장종결형과 문말 어기조사가 어떻게 다른지를 살펴본다.

5.4.3.1. [염려]

경계법·진술어기가 화용양태 [염려]를 나타낸다는 것은 명제에 담긴 부정적인 행동이 청자에게 일어날까 봐 걱정하는 화자의 심리적 태도를 나타내는 것을 의미한다. 이 경우에 사용되는 문장종결형과 문말 어기조사의 대응 양상, 그리고 서로 대응되는 문장종결형과 문말 어기조사가 맥락에서 드러내는 구체적인 화용양태를 살펴보면 다음과 같다.

① -ㄹ라, -리, -리다 : 会…的, 会…啊, 该…了₂

한국어에서 경계법을 실현하는 문장종결형으로 우선 해라체의 종결어

미 '-ㄹ라'와 하게체의 종결어미 '-리', 하오체의 종결어미 '-리다'가 있
다. 이에 대응하여 중국어에서 경계 의미의 진술어기를 실현하는 문법요
소로 문말 어기조사 '的'과 '啊', '了₂'가 있다.

한국어 '-ㄹ라'와 '-리', '-리다'는 대우법의 관점에서 다르지만 화용양
태 [염려]를 나타내는 측면에서 비슷하다. 이에 대응하는 중국어 '的'과
'啊', '了₂'는 보통 구-구조 '会…的', '会…啊' 그리고 '该…了₂'의 형식으
로 이루어진다. 다음 예문 (19)를 보자.

> (19) ㄱ. 조심해라, 떨어질라.
> ㄴ. 조심해라, 떨어지리.
> ㄷ. 조심해라, 떨어지리다.
>
> ㄱ'. 小心, 会掉下来的。
> ㄴ'. 小心, 会掉下来啊。
> ㄷ'. 小心, 该掉下来了₂。

위 (19ㄱ~ㄷ) 한국어의 문장에서 화자는 명제의 부정적인 행동 정보
'떨어지다'가 청자에게 일어날까 봐 염려하여 청자로 하여금 주의하도록
해 주는 태도를 나타낸다. (19ㄱ)과 (19ㄴ), (19ㄷ)은 각각 다른 문장종
결형을 사용하지만 화요양태 [염려]를 나타내는 점에서 동일하다. 이에
대응하여 중국어의 경우 (19ㄱ'~ㄷ')처럼 구-구조 '会…的', '会…啊' 그
리고 '该…了₂'를 사용하여 화용양태 [염려]를 나타낸다. 그런데 중국어의
경우 이러한 구-구조에 따라 좀더 세밀하게 다른 화용양태를 나타낸다.

(19ㄱ')처럼 '会…的'를 사용하는 경우 문말 어기조사 '的'이 지니는
[+확신]의 의미 특성 때문에 맥락에서 화용양태 [+확신시킴]을 나타낼
수 있다. 즉 '的'을 사용하여 화자는 '떨어지다'는 동작이 청자에게 발생

할 수 있다는 것에 대하여 청자로 하여금 믿음을 증진시키도록 한다. 이에 비해 (19ㄴ')처럼 '啊'를 사용하면 화용양태 [+친근]을 나타낸다. 그리고 (19ㄷ')의 경우 강한 추측을 나타내는 '该'와 상황의 실현을 나타내는 '了₂'를 사용하면 화자의 [+강조]의 태도를 드러낸다.

② -어(요) : Ø

'-어(요)'는 한국어 경계법 문장종결형으로 사용되어 화용양태 [염려]를 나타낼 수 있다. 위 ① 부분에 말하는 '-ㄹ라'와 '-리', '-리다'와 비교할 때 형태적으로 [염려]를 나타내는지 아닌지를 알기 어렵지만 억양을 통해 알 수 있다. '-어(요)'가 경계법을 수행하고 [염려]를 나타낼 때 상평하향조의 억양을 보임으로써 다른 경우들과 구분된다. 이에 대응하여 중국어의 'Ø'가 마찬가지다. 다음 예문을 보자.

(20) 조심해라, 떨어져.

(21) 小心, 掉下来。

위 (20)과 (21)은 각각 한국어와 중국어에서 문장종결형 '-어(요)'와 문말 형식 'Ø'를 사용하는 문장이다. '-어(요)'와 'Ø'는 다양한 문말서법을 수행하기 때문에 형태만 보면 그들이 경계법을 수행하는 여부를 알 수 없다. 그러나 만약 문장 (20)과 (21)의 억양은 상평하향조라는 것을 알게 되면 '-어(요)'와 'Ø'가 경계법·진술어기를 수행한다는 사실을 알 수 있다. (20)의 경우 화자가 명제의 행동 '떨어지다', (21)의 경우 화자가 명제의 행동 '掉下来(떨어지다)'가 청자에게 일어날까 봐 염려의 심리적 태도를 드러낸다.

5.4.3.2. [경고]

화자는 경계법·진술어기를 선택하여 명제의 이롭지 않은 행동이 청자에게 일어날까 봐 염려하는 심리적 태도 이외에 경고하는 심리적 태도를 나타내기도 한다. 즉 화용양태 [경고]를 나타내는 것이다.

-었어(요) : 了$_{1+2}$

한국어 '-었어(요)'와 중국어 '了$_{1+2}$'가 경계법·진술어기를 수행하여 화용양태 [경고]를 나타내는 대표적인 문법 형식이다. 한국어 '-었어(요)'는 문장종결형 '-어(요)' 앞에 과거 시제 '-었-'을 결합되는 문법 형식이고 중국어 '了$_{1+2}$'는 문말 어기조사 '了$_2$' 앞에 과거를 나타내는 '了$_1$'을 결합되는 형식이다. 다음 예문을 들어 살펴보자.

> (22) ㄱ. 너 죽었어.
>   ㄴ. 너 망했어.
>
>   ㄱ'. 你死(定)了$_{1+2}$。
>   ㄴ'. 你完了$_{1+2}$。

(22ㄱ)과 (22ㄱ')는 화자가 명제 '너 죽다(你死(定))'의 동작이 청자에게 일어나겠다고 경고를 하는데 각각 과거를 나타내는 문법요소 '-었-'과 '了$_1$'을 사용하고 있다. (22ㄴ)과 (22ㄴ')도 마찬가지다. 화자는 '너 망하다(你完)'의 동작이 청자에게 일어남을 경고하는데 과거를 나타내는 '-었-'과 '了$_1$'을 이용하고 있다. 이렇게 함으로써 청자에게 명제의 이롭지 않은 동작이 이미 일어났다는 현실감을 주어 경고의 의미를 한층 더한다고 볼 수 있다. 즉 '-었어(요)'와 '了$_{1+2}$'는 [+현실감]의 화용양태를 나타

냄으로써 청자에게 [경고]의 뜻을 더해 준다.

5.4.4. 소결

화자가 경계법·진술어기를 선택하는 경우에는 맥락에서 나타내는 화용양태로 크게 [염려]와 [경고]가 있다. 경계법·진술어기와 [염려]/[경고]가 맥락에서 상호작용하여 일정한 문장종결형과 문말 어기조사가 사용된다. 이때 사용되는 문장종결형과 문말 어기조사의 대응 양상, 그리고 그들이 나타내는 화용양태는 다음 <표 38>과 같이 정리할 수 있다.

〈표 38〉 경계법 · 진술어기의 화용양태와 실현양상

[염려]				[경고]	
[-확신시킴, -친근, -강조]	[+확신시킴]	[+친근]	[+강조]	[+현실감]	
-ㄹ라 -리 -리다 -어(요)	Ø	会…的	会…啊	该…了$_2$	-었어(요)	了$_{1+2}$

<표 38>과 같이 한국어 경계법의 문장종결형에서 화용양태 [염려]를 나타내는 것은 '-ㄹ라'와 '-리', '-리다', '-어(요)'이다. 이에 대응하여 중국어에서 'Ø'가 나타난다. 그러나 중국어의 경우 [염려]를 나타낼 때 문말 어기조사와 조동사가 결합하는 구·구조를 이용한 것들이 있다. 화용양태 [염려] 이외에 '会…的'은 [+확신시킴]을 나타내고 '会…啊'는 [+친근]을 나타내며 '该…了$_2$'는 [+강조]를 나타낸다. 한편 화용양태 [경고]를 나타내는 경우에는 한국어와 중국어에서 각각 '-었어(요)'와 '了$_{1+2}$'를

사용하여 화용양태 [+현실감]을 나타낸다. '-었-'과 '了₁'은 각각의 언어에서 과거를 나타내는 문법 요소이기 때문이다.

5.5. 명령법과 기사어기

한국어 명령법에 대응하는 중국어 문말서법은 명령의 뜻을 나타내는 기사어기이다. 여기서 우선 한국어 명령법과 중국어 명령을 나타내는 기사어기의 의미를 살펴본 다음에 이러한 명령 의미를 실현하는 문말서법과 그들이 나타내는 화용양태와 상호작용하는 상관관계를 살펴본다. 그리고 마지막으로 명령의 문말서법에서 다양한 화용양태를 수행하는 한국어 문장종결형과 중국어 문말 어기조사의 대응 양상과 그들의 세부적인 화용양태도 논의해 보고자 한다.

5.5.1. 명령법·기사어기의 의미

문장유형에서 벗어나 한국어 명령법과 중국어 명령 의미의 기사어기가 같은 문말서법 범주인지 아닌지를 밝히기 위하여 명제 내용과 행위 참여자, 그리고 진술 방식 등의 기준을 고려하여 살펴봐야 한다.

1) 명제 내용 기준

한국어 명령법과 중국어 명령 의미의 기사어기는 화자가 명제 내용을 [+행동]의 특성을 지니는 정보라고 생각할 때 선택된다. 다음 예문 (23)을 보자.

(23) ㄱ. 여기서 기다려라. (명령법)
　　ㄴ. 여기서 기다립니다. (설명법)
　　ㄷ. 여기서 기다리는구나. (감탄법)
　　ㄹ. 여기서 기다리니? (의문법)

　　ㄱ'. (你)在这里等吧。 (명령 의미의 기사어기)
　　ㄴ'. (你)在这里等。 (설명 의미의 진술어기)
　　ㄷ'. (你)在这里等啊。 (감탄어기)
　　ㄹ'. (你)在这里等吗？ (의문어기)

(23ㄱ~ㄹ)과 (23ㄱ'~ㄹ')의 예문들이 같은 명제 내용 '여기서 기다리다(在这里等)'를 가지고 있다. 문말서법(1)에 속하는 설명법과 설명 의미의 진술어기(23ㄴ, 23ㄴ'), 감탄법과 감탄어기(23ㄷ, 23ㄷ'), 의문법과 의문어기(23ㄹ, 23ㄹ')에서 화자가 명제 내용을 [+상태]의 특성을 지닌다고 생각하는 것과 달리 (23ㄱ)과 (23ㄱ') 한국어의 명령법과 중국어의 명령 의미의 기사어기의 경우에는 화자가 명제 정보를 [+행동]으로 인식한다.

물론 명제 내용이 [+행동]이라는 의미특성은 문말서법(2)에 속하는 모든 문말서법의 공통적인 특성이기 때문에 변별적인 기준이 될 수 없다. 그리고 중국어의 경우 한국어 '-어라'(23ㄱ)와 달리 '吧'만으로 문장이 명령을 나타내는지 공동을 나타내는지를 알 수 없다. 따라서 다음으로 행위참여자의 기준을 살펴봐야 한다.

2) 행위참여자 기준

행위참여자의 기준을 적용하여 명제 내용의 행동을 실현하는 주체가 누구인지를 밝힌다. 한국어 명령법, 그리고 이에 대응하는 중국어 명령 의미의 기사어기의 경우에는 명제의 행동은 반드시 청자로 실현되어야 한다. 즉 화자가 명제 내용으로 표현되는 행동은 청자로 실현한다고 생각할 때 명령법 또는 명령 의미의 기사어기를 선택한다.

여기서 주의할 것은 중국어 기사어기의 경우 명령의 의미를 나타내는 것을 알아내기 위해 문말 어기조사만으로는 안 되고 유표적인 인칭의 표시가 필요하다.[160]

> (24) ㄱ. 在这里等吧。(기사어기)
>   ㄴ. 你在这里等吧。(명령 의미의 기사어기)
>   ㄷ. 我们在这里等吧。(공동 의미의 기사어기)

행위참여자 기준으로는 명령 의미의 기사어기를 똑같이 문말서법(2)에 속하는 약속 의미의 진술어기와 구분할 수 있다. 그러나 여전히 허락법과 허락 의미의 진술어기, 경계법과 경계 의미의 진술어기, 공동법과 공동의미의 기사어기와 구별이 불가능하다. 따라서 다음으로 진술 방식의 기준도 살필 필요가 있다.

3) 진술 방식 기준

한국어 명령법과 중국어 명령 의미의 기사어기가 모두 전달이 아니라 요구의 진술 방식을 취한다. 즉 화자가 청자에게 명제 내용이 지시하는 행동을 요구한다. 진술 방식 기준을 더하면 명령법·기사어기는 허락법·진술어기, 경계법·진술어기와 구분할 수 있다. 그런데 여전히 공동법·기사어기와 구분하지 못한다. 다음 예문 (25)와 (26)을 통하여 살펴보자.

---

160 물론 한국어의 경우도 문장종결형만으로 문장종결법을 확인하는 일이 어려울 수 있다. 다만 중국어에서 이러한 경우는 상대적으로 보편적인 상황으로 볼 수 있다.

(25) ㄱ. 아름아, 가라. (명령법)
ㄴ. 아름아, 가자. (공동법)

ㄱ'. *아름아, 같이 가라. (명령법)
ㄴ'. 아름아, 같이 가자. (공동법)

(26) ㄱ. 小美, 走吧。 (명령 의미의 기사어기)
ㄴ. 小美, 走吧。 (공동 의미의 기사어기)

ㄱ'. *小美, 一起走吧。 (명령 의미의 기사어기)
ㄴ'. 小美, 一起走吧。 (공동 의미의 기사어기)

예문(25)를 보면 (25ㄱ) 명령법의 문장은 화자가 청자에게 행동을 요구하는 동시에 자신의 행동을 전달하지 못한다. 이는 (25ㄱ')에 공동을 나타내는 부사 '같이'가 들어갈 수 없는 사실을 통하여도 알 수 있다. 이에 비해 (25ㄴ) 공동법의 문장에서 화자가 청자에게 행동을 요구하면서 자신의 행동도 전달할 수 있다. 따라서 예문 (25ㄴ)이 (25ㄴ')에 부사 '같이'가 있어도 자연스러운 문장이다.

이와 달리 중국어의 경우 (26ㄱ)과 (26ㄴ)은 모두 문말 어기조사 '吧'로 끝나므로 기사어기의 문장이라고 말할 수 있다. 화자가 의사소통의 목적에 따라 명령의 기사어기나 공동의 기사어기로 모두 사용할 수 있다. 예를 들어 (26ㄱ)은 명령 의미의 기사어기 문장이고 (26ㄴ)은 공동 의미의 기사어기 문장이다. 그렇다면 (26ㄱ')와 (26ㄴ')처럼 명령의 의미를 나타낼 때 부사 '一起'를 사용할 수 없고 공동의 의미를 나타낼 때 부사 '一起'를 사용할 수 있다. 즉 공동 의미의 기사어기의 경우 화자는 청자와 함께 명제의 행동에 참여하는 것과 달리 명령 의미의 기사어기는 화자가 명제의 행동에 참여하지 않는다.

요컨대 한국어 명령법은 중국어 기사어기에서 명령 의미를 나타내는 경우와 대응된다. 한국어 명령법과 중국어 명령 의미의 기사어기의 의미는 다음 <표 39>와 같이 제시할 수 있다.[161]

<표 39> 명령법·기사어기의 의미

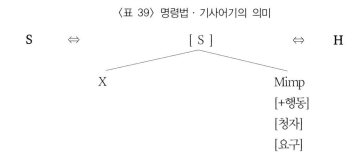

<표 39>처럼 한국어 명령법은 화자가 청자에게 명제의 행동을 요구하는 문말서법이다. 이와 대응하여 중국어에서 기사어기가 있는데 가사어기가 명령의 의미를 나타내는 경우가 여기에 해당된다.

5.5.2. 명령법·기사어기와 화용양태의 상호작용

한·중 두 언어에서 명령법과 명령 의미의 기사어기를 실현하는 문장 종결형과 문말 어기조사는 아주 다양하다. 화자는 맥락 또는 상황에 따라 다양한 화용양태를 표현하여 다양한 문장종결형과 문말 어기조사를 선택하게 된다. 다음 예문 (27)을 보자.

---

161 <표 39>에서 Mimp는 Imperative Mood의 약칭으로 사용하여 한국어 명령법과 중국어 명령 의미의 기사어기를 가리킨다.

(27) ㄱ. 좀 도와 줘라.
　　ㄴ. 빨리 갓.

　　ㄱ'. 帮我一下吧。
　　ㄴ'. 快走了。

(27)의 문장들은 모두 청자에 대한 명령의 태도를 나타낸다. 동일한 문말서법인데 서로 다른 문법 형식이 사용된다는 것은 화자의 발화 의도가 다르기 때문이다. 화용양태가 다르다고 말할 수 있다. (27ㄱ)과 (27ㄱ')는 화용양태 [시킴]을 드러내는 데에 비해 (27ㄴ)과 (27ㄴ')는 화용양태 [시킴] 이외에 [+강조]의 화용양태를 더해 준다. 그리고 명령법·기사어기가 화용양태 [요청]을 나타내기도 한다. 다음 예문 (28)을 살펴보자.

(28) (가이드가 관람객에게)
　　ㄱ. 이쪽으로 가십시오.
　　ㄴ. 请这边走。

(28)와 같은 상황에서 가이드가 관람객을 안내하는 상황에서 [시킴]보다 [요청]의 화용양태를 나타내는 것이 적절하다. 이때 한국어의 경우 (28ㄱ)처럼 합쇼체의 '-십시오'를 사용하고 중국어의 경우 무표적인 영범주 'Ø'를 사용한다.

위의 논의에 따라 명령법·기사어기는 화용양태 [시킴] 또는 [요청]와 상호작용하여 문법요소가 선택된다. 다음 <그림 11>을 보자.

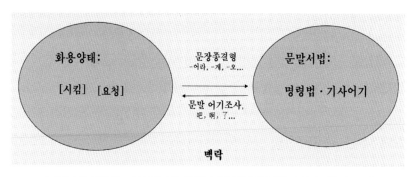

〈그림 11〉 명령법·기사어기와 화용양태 [시킴]/[요청]의 상호작용적 특성

<그림 11>처럼 명령법·기사어기는 맥락에서 화자의 [시킴]이나 [요청]의 화용양태를 나타낸다. 명령법·기사어기와 화용양태 [시킴]/[요청]이 상호작용하여 문장종결형과 문말 어기조사가 선택된다.

5.5.3. 명령법·기사어기의 화용양태

앞 절에서 언급했듯이 명령법·기사어기는 맥락에서 화용양태에 따라 다양한 문장종결형 또는 문말 어기조사가 선택된다. 이 책에서 명령법·기사어기의 화용양태를 기본적으로 [시킴]과 [요청]으로 나누기로 한다. 여기서는 화용양태 [시킴]과 [요청]을 나타내는 명령법·기사어기가 한·중 두 언어에서 각각 어떠한 문장종결형과 문말 어기조사로 실현되는지를 살펴보고 서로의 대응 양상을 밝히고자 한다. 그리고 서로 대응되는 한국어 문장종결형과 중국어 문말 어기조사가 나타나는 화용양태의 다른 점도 논의하기로 한다.

5.5.3.1. [시킴]

[시킴]은 [요청]과 같이 명령법·기사어기가 선택되는 경우에 맥락에서 나타나는 대표적인 화용양태 중의 하나이다. [시킴]과 [요청]의 구분은 화자가 청자에 대한 고려에서 비롯된다. [시킴]은 화자가 청자에 대하여 상대적으로 덜 고려하는 상황에 나타난다.

① -어라, -게, -오 : Ø, 吧, 啊

화용양태 [시킴]을 나타낼 때 한국어의 경우 종결어미를 이용한 '-어/아라'와 '-게', '-오/소'를 사용하고 중국어의 경우 주로 무표적인 영범주 'Ø'와 문말 어기조사 '吧'와 '啊'를 사용한다. 다음 예문 (29)를 살펴보자.

(29) ㄱ. 철수 네가 좀 해라.
　　　ㄴ. 천천히 생각해서 알려 주게.
　　　ㄷ. 제발 내 말을 믿으오.

　　　ㄱ'. 哲秀{你做一下/你做一下吧/你做一下啊}。
　　　ㄴ'. 慢慢想想再{告诉我/告诉我吧/告诉我啊}。
　　　ㄷ'. 拜托{相信我/相信我吧/相信我啊}。

한국어의 경우 (29ㄱ~ㄷ)의 문장들은 모두 화용양태 [시킴]을 나타내되 화자가 청자를 대우하는 태도에 따라 다른 종결어미를 사용하고 있다. 이에 비해 중국어의 문말 어기조사는 한국어 종결어미처럼 뚜렷한 대우법 기능을 실현하지 못한다. 따라서 [시킴]을 나타내는 경우 한국어 (29ㄱ~ㄷ)에 대응하여 중국어에서 (29ㄱ'~ㄷ')처럼 'Ø'와 '吧', '啊'가 두루 사용할 수 있다.

② -어(요) : Ø, 吧, 啊

한국어에서 '-어(요)'는 반말을 이용한 명령법 문장종결형으로 쓰이기도 한다. 이때 대응하는 중국어 문법요소도 'Ø'와 '吧', '啊'가 모두 가능하다. 예문을 들어 보자.

> (30) ㄱ. 빨리 와.
> ㄴ. 快点{来/来吧/来啊}。

(30ㄱ) 한국어의 경우 화자가 청자를 반말로 대우하여 명제의 행동 '빨리 오다'를 청자에게 요구하고 있다. 이에 대응하여 중국어에서 'Ø'와 '吧' 그리고 '啊'가 대우법과 상관없이 모두 사용될 수 있다.

③ -지 : 吧

'-지'는 반말을 이용한 한국어 명령법 문장종결형인데 이에 대응하여 중국어에서 대표적으로 문말 어기조사 '吧'가 있다. 다음 예문 (31)을 보자.

> (31) ㄱ. 먼 길을 오느라 피곤할 테니 어서 가서 쉬지(요).
> ㄴ. 远道而来应该累了, 快去休息吧。

화자가 멀리서 찾아온 청자에게 (31ㄱ)처럼 말한다. 화자는 청자가 '먼 길을 오느라고 피곤하다'는 근거로 청자에게 어서 가서 쉬라고 시킨 것이다. 이때 [+제안]의 화용양태도 포함된다. 다시 말해 화자는 명제 내용 '어서 가서 쉬다' 뒤에 '-지'를 발화한 것은 자신이 믿고 있는 명제를 청자에게 제안하기 때문이다. 그리고 화자는 청자가 자신의 제안을 수용할 것이라고 믿고 있다. (31ㄴ) 중국어의 경우도 같은 명제 내용 뒤에 '吧'가 결합되어 청자에게 화자 자신이 [+확신]의 태도를 가지는 명제 행동을 시키면서 [+제안]의 뜻을 나타낸다. 다만 '-지'에 비하여 '吧'가 사용될 때 청자에 대한 배려가 좀더 많다고 생각된다. 다음 예문 (32)를 보자.

(32) ㄱ. *할아버지, 빨리 가지.
　　　ㄴ. 爷爷, 快走吧。

(32ㄱ)과 (32ㄴ) 두 문장은 모두 '할아버지, 빨리 가다(爷爷, 快走)'는 명제 내용을 포함한다. 그러나 (32ㄱ) 한국어의 문장에서 '-지'가 사용되지 못한 것은 '-지'가 반말의 등급에 사용되는 문장종결형이기 때문이다. 화자보다 상위자인 '할아버지'에게 당연히 반말을 사용할 수 없다. 이와 달리 (32ㄴ) 중국어의 문장에서 '吧'가 사용될 수 있다. '吧'가 있는 것이 오히려 '吧'가 없는 것보다 청자의 마음을 좀더 배려하여 제안을 하게 된다. 뿐만 아니라 청자가 화자보다 상위자가 아닌 경우에도 이런 차이가 보일 수 있다. 다음 예문 (33)을 보자.

(33) ㄱ. 철수야, 이거 좀 치우지.
　　　ㄴ. 哲秀, 把这个收拾一下吧。

같은 상황에서 (33ㄱ)과 (33ㄴ)의 차이는 '-지'보다 '吧'가 사용되면 청자의 마음을 좀더 배려하여 시키는 느낌이 든다. 그리고 '-지'와 '吧'의 이러한 차이는 억양의 차이에서도 드러난다. '-지'는 급격한 하향조의 문말억양을 수행하는 데에 비하여 '吧'는 조금 완화한 하향조의 문말억양을 수행한다.

④ -엇/앗 : 了$_2$

한국어 '-엇/앗'은 합성형의 문장종결형이다. '-어/아라'의 '-어/아'와 강조의 '-ㅅ'이 결합하여 이루어지기 때문에 맥락에 따라 화용양태 [+강조]를 나타낼 수 있다. 다음 예문 (34)를 보자.

(34) ㄱ. 앞으로 갓.
ㄴ. 往前走了$_2$。

(34)의 문장 모두 동일한 명제 내용 '앞으로 가다'를 가지고 있다. 화자는 명제의 행동을 청자에게 시키는데 '-앗'을 사용하여 화용양태 [+강조]를 나타내고 '了$_2$'를 사용하여 화용양태 [+재촉]을 나타낸다.

⑤ -ㄹ 것 : Ø

한국어의 경우 명령법을 수행할 때 화자가 '-ㄹ 것'을 선택하면 청자를 반말의 등급으로 대하는 것을 의미한다. 주로 공식적인 장면에서 사용하여 [-친근]의 의미특성을 지닌다. 이에 대응하여 중국어에서는 무표적인 영범주 'Ø'가 나타나는 것이 일반적이다. 다음 예문 (35)를 들 수 있다.

(35) ㄱ. 근무시간에 자리를 지킬 것.
ㄴ. 工作时间请坚守岗位。

한편 전형적인 명령법·기사어기를 수행하는 문법요소가 아닌 것들을 명령법·기사어기를 나타내는 경우가 있다. 먼저 한국어의 경우 공동법 문장종결형을 이용하여 명령법을 나타내는 경우가 있다. 중국어의 경우

명령 의미의 기사어기와 공동 의미의 기사어기에 사용되는 문말 어기조
사가 변별적이지 않기 때문에 이 경우에 해당하지 않는다.

① -자 : 吧

한국어 '-자'는 전형적으로 공동법을 수행하는 문장종결형이다. 그러
나 맥락 또는 상황에 따라 '-자'가 명령법을 수행하는 경우가 보일 수
있다. 이에 대응하여 중국어 문말 어기조사 '吧'를 사용할 수 있다. 다음
예문 (36)과 (37)을 보자.

> (36) 철수: 그만 갈게요.
>   사촌형: 그래, 잘 가자.

> (37) 哲秀 : 我先走了。
>   表哥 : 嗯, 走吧。

(36)의 경우 사촌형이 명제의 행동을 철수와 함께 참여하지 않는데도
공동법의 문장종결형 '-자'를 사용하고 있다. 이때 '-자'는 명령법 문장
종결형으로 수의적으로 쓰인다고 볼 수 있다. 이에 대응하여 중국어의
경우 (37)처럼 문말 어기조사 '吧'를 선택한다. 그러나 '吧'는 공동의 의
미도 나타내지만 명령의 의미도 전형적으로 나타낸다. 이 점에서 한국어
의 '-자'와 다르다.

② -ㅂ시다 : Ø

전형적으로 공동법을 수행하는 한국어 문장종결형 '-ㅂ시가'도 명령
법을 수행할 수 있다. 이때 중국어의 경우 영범주 'Ø'가 나타나는 것이

자연스럽다. 다음 예문 (38)을 보자.

(38) (안내원이 관람객들에게)
　　ㄱ. 줄을 서서 입장합시다.
　　ㄴ. 请排队入场。

　(38)의 경우 안내원이 관람객에게 줄을 서서 입장하라는 행동을 시킬 때 한국어의 경우 (38ㄱ)처럼 공동법의 전형적인 문장종결형 '-ㅂ시다'가 쓰인다. 이에 대응하여 중국어의 경우 (38ㄴ)처럼 무표적으로 나타나는 것이 자연스럽다.

　이외에 의문법이나 의문어기의 전형적인 문장종결형 또는 문말 어기조사를 이용하여 명령법·기사어기를 수행하는 쓰임도 종종 보인다. 이는 한국어와 중국어에서 모두 가능한 상황이다. 한국어의 경우 의문형 종결어미 '-냐, -ㄴ가, -나, -니, -ㅂ니까'를 사용할 수 있고 중국어의 경우 의문형 문말 어기조사 '吗'를 사용할 수 있다. 예문을 들어 보자.

(39) ㄱ. 소리 좀 줄이지 못하겠냐?
　　ㄴ. 그 책 좀 집어주겠는가?
　　ㄷ. 그것 좀 잡아주겠나?
　　ㄹ. 그것 좀 갖다 주겠니?
　　ㅁ. 그만 좀 가 주시겠습니까?

　　ㄱ'. 能小点声吗?
　　ㄴ'. 能把那本书拿给我吗？
　　ㄷ'. 能帮我抓一下吗？
　　ㄹ'. 那把那个带给我吗？
　　ㅁ'. 能赶紧走吗？

(39)처럼 의문법이나 의문어기의 문법 형식을 이용하여 명령법을 실현하는 데 다소 [+강조]의 화용양태를 나타낸다.

5.5.3.2. [요청]

[시킴]에 비해 화용양태 [요청]을 나타내면 청자에 대한 화자의 고려가 좀더 적극적이다.

① -ㅂ시오 : 吧

'-ㅂ시오'는 화자가 청자를 합쇼체로 대우하는 데 발화한 명령법 문장 종결형이다. 청자를 적극적으로 대우하는 측면에서 [요청]의 화용양태를 나타낸다고 생각된다. 다음 예문 (40)을 보면 알 수 있다.

> (40) ㄱ. 이리로 내려오십시오.
> ㄴ. 从这里下来吧。

② -소서 : 啊

'-소서'의 경우 화자가 청자를 하소서체로 대우할 때 선택된다. 이에 대응하여 중국어 문말 어기조사는 '啊'이다. 다음 예문 (41)을 보자.

> (41) ㄱ. 어디에 있든지 부디 행복하소서.
> ㄴ. 不管在哪里一定要幸福啊。

(41ㄱ)에서 화자가 '-소서'를 선택하여 청자에게 '어디에 있든지 부디 행복하다'를 요청하여 간절함을 나타낸다. 즉 화용양태 [+간청]을 나타낸다고 볼 수 있다. 이에 대응하여 중국어의 경우 (41ㄴ)과 같이 '啊'를

사용할 수 있다.

5.5.4. 소결

담화 맥락 또는 상황에서 명령법·기사어기가 실현되는 경우에 화자가 청자에 대하여 어떻게 고려하느냐에 따라 화용양태 [시킴]이나 [요청]을 나타낸다. 명령법·기사어기와 화용양태 [시킴], [요청]와 상호작용하여 선택되는 문장종결형과 문말 어기조사의 대응 양상, 그리고 서로 대응되는 문장종결형과 문말 어기조사가 지니는 세부적인 화용양태를 살펴본 결과는 다음 <표 40>과 같이 정리할 수 있다.

〈표 40〉 명령법 · 기사어기의 화용양태와 실현양상

[시킴]				[요청]			
[-강조]		[+강조]		[-간청]		[+간청]	
-어라 -게 -오 -어(요) -지(요) -자 -ㅂ시다 -ㄹ 것	Ø 吧 啊	-엇/앗 -냐 -ㄴ가 -나 -니 -ㅂ니까	Ø 了$_2$ 吗	-십시오	吧	-소서	啊

<표 40>과 같이 화자가 명령법·기사어기를 선택하면서 맥락에서 화용양태 [시킴] 혹은 [요청]을 나타낸다. [시킴]의 경우 다시 [-강조]와 [+강조]의 차이가 난다. 이에 비해 [요청]의 경우 다시 [-간청]과 [+간청]으로 다르다.

5.6. 공동법과 기사어기

한국어 공동법에 대응하는 중국어 문말서법은 공동을 나타내는 기사어기이다. 여기서 한국어 공동법과 중국어 공동을 나타내는 기사어기를 대조하기 위하여 먼저 그들의 의미를 살펴본다. 이 과정을 통하여 한국어 공동법과 중국어 공동 의미의 기사어기가 같은 문법범주라는 사실을 확일할 수 있다. 이를 바탕으로 한국어 공동법과 중국어 공동 의미의 기사어기가 화용양태와 상호작용하여 문장종결형과 문말 어기조사의 상용양상을 살펴보고 서로 대응되는 문장종결형과 문말 어기조사들이 맥락에서 나타내는 세부적인 화용양태를 논의할 것이다.

5.6.1. 공동법·기사어기의 의미

중국어 기사어기에는 한국어 공동법과 대응되는 부분이 있다. 즉 공동 의미의 기사어기가 있다. 여기서는 중국어 공동 의미의 기사어기와 한국어 공동법의 의미를 살펴보기로 한다.

1) 명제 내용 기준

공동법·기사어기는 문말서법(2)에 속하는 다른 문말서법과 같이 화자는 진술하려고 하는 명제 내용을 [+행동]의 정보로 판단한다. 다음 예문 (42)를 보자.

    (42) ㄱ. 수영하러 가자.
          ㄴ. 우리 함께 일합시다.

ㄷ. 한잔하러 가세.

ㄱ'. 去游泳吧。
ㄴ'. 我们一起工作吧。
ㄷ'. 去喝一杯啊。

(42ㄱ~ㄴ)과 (42ㄱ'~ㄴ')는 각각 한국어와 중국어에서 공동법과 공동 의미의 기사어기가 실현되는 문장들로 (42ㄱ)과 (42ㄱ')는 '수영하러 가다(去游泳)'는 행위를 진술하고 (42ㄴ)과 (42ㄴ')는 '우리는 함께 일하다(我们一起工作)'는 행위를 진술하며 (42ㄷ)과 (42ㄷ')는 '한잔하러 가다(去喝一杯)'는 행위를 진술한다.

물론 화자가 명제 내용을 [+행동]의 정보로 인식하는 기준만으로는 공동법·기사어기를 문말서법(2)에 속하는 다른 문말서법에서 구분할 수 없다. 그리하여 행위참여자 기준을 고려할 필요가 있다.

2) 행위참여자 기준

행위참여자 기준은 한국어 공동법과 중국어 공동 의미의 기사어기가 다른 문말서법과 구별될 수 있는 특별한 기준이다. 다른 문말서법의 경우 행위참여자는 화자 혹은 청자 중의 한 사람으로 이루어진다. 그런데 공동법·기사어기의 경우 행위참여자는 화자와 청자 두 사람으로 구성된다. 다시 말해 한국어 공동법과 중국어 공동 의미의 기사어기가 수행되는 경우에 화자와 청자가 모두 명제 내용의 행위에 참여한다.

여기서 주의할 것은 한국어 공동법과 중국어 공동 의미의 기사어기가 수행될 때 화자와 청자가 모두 명제 내용의 행동에 참여하되 서로 다른 행동을 실행할 수 있다. 다음 예문 (43)과 (44)를 보자.

(43) (길을 막고 있는 사람에게)
　　ㄱ. 좀 지나갑시다.
　　ㄴ. 좀 비킵시다.

(44) (对挡住路的人说)
　　ㄱ. (我)过去一下吧。
　　ㄴ. (你)让一下吧。

　한국어 예문 (43)의 경우 '-ㅂ시다'는 전형적인 공동법 문장종결형이다. (43ㄱ)은 화자가 '자신이 지나가겠다'는 의향에 대하여 진술할 뿐 행동은 없다. 반면에 (43ㄴ)은 화자가 청자에게 '청자가 좀 비키는' 행동을 요구할 뿐 화자 자신의 행동에 대한 진술은 없다. (43)과 같은 상황에서 중국어로 말하자면 예문 (44)와 같다.

　언뜻 보면 (43)과 (44)는 화자 혹은 청자 중의 한 사람만 명제 내용의 행동과 관련된다. 그러나 자세히 보면 화자와 청자가 공동적으로 일정한 행위를 해야 명제의 행위가 이루어질 수 있다. (43ㄱ)과 (44ㄱ)의 경우 '화자 자신이 길을 지나가다'는 행동은 길을 막고 있는 청자가 길을 비키는 행위를 하지 않는 한 도달이 불가능하고 (43ㄴ)과 (44ㄴ)의 경우도 화자의 길을 지나는 행위 따위가 전제되지 않는다면 청자의 '길을 비키다'는 행동이 무의미하다. 결국 화자와 청자가 공동으로 행동하게 돼야 공동법이나 공동 의미의 기사어기가 실현된다.

3) 진술 방식 기준

　진술 방식의 기준으로 볼 때도 한국어 공동법과 중국어 공동 의미의 기사어기는 특별한 면이 있다. 다른 문말서법이 전달이나 요구 중의 한

가지 진술 방식만 적용하는 것과 달리 공동법·기사어기는 두 가지 진술 방식이 모두 드러난다. 화자는 자신의 행동에 대하여 전달하고 청자의 행동에 대하여 요구한다.

위의 논의를 요약하여 한국어 공동법과 중국어 공동 의미의 기사어기의 의미를 그림으로 제시하면 다음 <표 41>과 같다.[162]

〈표 41〉 공동법 · 기사어기의 의미

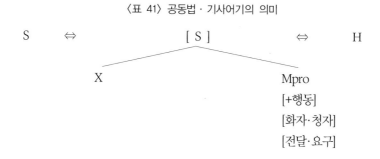

<표 41>과 같이 한국어 공동법과 중국어 공동 의미의 기사어기는 화자가 청자에게 문장에 담긴 행동을 자신이 실현할 의향이 있음을 전달하고 동시에 청자도 그 행동을 실현할 것을 요구하는 문말서법이다.

5.6.2. 공동법 · 기사어기와 화용양태의 상호작용

한국어 공동법과 중국어 공동 의미의 기사어기는 맥락에서 주로 화용양태 [제안] 혹은 [권유]를 나타낸다.[163] 공동법·기사어기는 화용양태

---

162 <표 41>에서 Mpro라는 것은 Propositive Mood의 약칭으로 한국어 공동법과 중국어 공동 의미의 기사어기를 가리킨다.

163 [권유]와 [제안]의 의미에 대하여 5.6.3. 부분을 참조하기를 바란다.

[제안]과 [권유]와 상호작용하여 문장종결형과 문말 어기조사가 선택된다. 반면에 문장종결형과 문말 어기조사의 사용은 공동법·기사어기와 화용양태의 상호작용에 순응한다. 다음 <그림 12>를 보자.

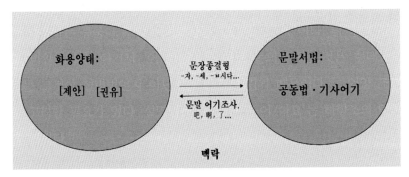

〈그림 12〉 공동법 · 기사어기와 화용양태 [제안]/[권유]의 상호작용적 특성

<그림 12>처럼 공동법·기사어기는 화용양태 [제안] 또는 [권유]와 상호작용적 관계를 지닌다.

5.6.3. 공동법 · 기사어기의 화용양태

의사소통에서 화자가 문장을 공동법·기사어기로 인식하면 화용양태 [제안] 혹은 [권유]를 실현하여 다양한 문장종결형과 문말 어기조사가 사용된다. 여기서 이때 문장종결형과 문말 어기조사의 대응 양상을 살펴보고 서로의 공통점과 차이점을 검토하기로 한다. 행위참여자의 관점에서 볼 때 공동법·기사어기의 경우 화자와 청자가 모두 명제에 담긴 행위에 참여한다. 그리고 진술 태도를 볼 때 화자는 자신의 행위를 전달하고 상대방의 행위를 요구한다. [권유]와 [제안]의 차이는 화자가 청자를

대하는 태도에서 비롯된다. [권유]에 비해 [제안]의 경우 화자는 청자를
좀더 적극적으로 고려한다.

5.6.3.1. [권유]

공동법·기사어기는 화용양태 [권유]를 나타내는 것이 가장 전형적인
상황이다. 이때 종결어미를 이용한 문장종결형(①~③)과 반말을 이용한
문장종결형(④~⑤)을 통하여 실현하는 것이 일반적이다.

① -자, -자꾸나 : 吧, 啊, 了$_2$

'-자'와 '-자꾸나'는 해라체의 종결어미이다. 즉 화자가 청자를 해라체
로 대우하여 공동법을 수행하는 경우에 '-자'나 '-자꾸나'를 사용한다.
다만 '-자'와 '-자꾸나'는 화자가 청자의 행동에 대하여 요구하는 데 강
도의 차이가 있다. 청자에 대한 화자의 요구가 간절한 경우에는 '-자'보
다 '-자꾸나'를 많이 사용한다. 다음 예문 (45)를 보자.

> (45) ㄱ. 갈 데가 없으면 나와 함께 우리 집에 가자.
> ㄴ. 갈 데가 없으면 나와 함께 우리 집에 가자꾸나.

(45ㄱ)과 (45ㄴ)은 모두 화자가 자신이 집에 가는 행동을 전달하는 동
시에 청자에게 같은 행동을 요구한다. 이때 (45ㄱ)처럼 '-자'를 사용하는
것에 비해 (45ㄴ)처럼 '-자꾸나'를 사용하면 화자는 청자가 명제의 행동
을 실행하기를 간절히 바라는 느낌이 드러난다.

한국어 '-자'와 '-자꾸나'에 대응하여 중국어 문말 어기조사 '吧'와
'啊', '了$_2$'가 있다. 다음 예문 (46)을 보자.

    (46) ㄱ. 没地方去的话跟我一起去我家吧。
        ㄴ. 没地方去的话跟我一起去我家啊。
        ㄷ. 没地方去的话跟我一起去我家了₂。

  (46ㄱ~ㄷ)은 모두 공동 의미의 기사어기가 실현되는 문장이되 (46ㄱ) 처럼 '吧'를 사용하면 상의하는 의미가 함축되고 (46ㄴ)처럼 '啊'를 사용 하면 어기를 완화해 주는 느낌이 있으며 (46ㄷ)처럼 '了₂'를 사용하면 화자가 청자의 행동을 재촉하는 감정이 드러난다.

  뿐만 아니라 한국어의 경우 해라체의 '-자꾸나'가 '-자'에 비해 친근감 을 나타낸다고 하는 주장이 있다.[164] 그리고 정명숙(2008)에 의하면 중국 어 '了₂'는 서법기능 공손성을 나타낸다고 주장하고 있다. 이러한 주장을 토대로 필자는 [+재촉]을 나타내는 '-자꾸나'와 '了₂'가 화용양태 [+친 근]도 나타낸다고 생각된다.

    (47) ㄱ. 나랑 같이 여행을 가자꾸나.
        ㄴ. 和我一起去旅行了₂。

  요약하자면 한국어 해라체 공동법 문장종결형 '-자'와 '-자꾸나'에 대 응하는 중국어 공동 의미의 기사어기 문말 어기조사는 '吧'와 '啊', '了₂' 가 있다고 볼 수 있다. 구체적으로 '-자'는 [+상의]를 나타내는 '吧'와 가 깝고 '-자꾸나'는 [+재촉] 또는 [+친근]을 나타내는 '了₂', '啊'와 가깝다.

② -세, -세나 : 吧, 啊

  '-세'는 화자가 청자를 하게체로 상정하여 공동법을 실현할 때 선택되

다. 대우법을 생각하지 않고 의미만 보면 '-자'와 유사하다. 다음 예문 (48)을 보자.

> (48) ㄱ. 구경하러 가세.
>   ㄴ. 우리 함께 일해 보세.
>
>   ㄱ'. 去看看吧/啊。
>   ㄴ'. 我们一起工作看看吧/啊。

한국어의 문장 (48ㄱ)과 (48ㄴ)은 화자가 공동법 문장종결형 '-세'를 사용하여 청자에게 '구경하러 가다'는 행동, '우리 함께 일해 보다'는 행동을 권유하게 된다. 이에 대응하여 중국어의 문장 (48ㄱ')와 (48ㄴ')는 문말 어기조사 '吧' 혹은 '啊'를 사용할 수 있다.

③ -ㅂ시다 : 吧, 啊

한국어에서 화자가 청자를 하오체로 대우할 때 종결어미 '-ㅂ시다'가 선택된다. 이에 대응하는 중국어 문말 어기조사는 '吧'와 '啊'이다. 한국어 하오체는 화자가 자신보다 높은 상위자에게 사용하는 문체법이기 때문에 화용양태 [+재촉]을 나타내는 중국어 문말 어기조사 '了$_2$'와 대응하기가 어렵다. 다음 예문 (49)와 (50)을 보자.

> (49) 이번 주 일요일에는 함께 산에 갑시다.

> (50) 这周天一起{去爬山吧/去爬山啊/*去爬山了}。

위 예문 (49)와 (50) 화자는 각각 '-ㅂ시다'와 '吧', '啊'를 이용하여 청자에게 명제 '이번 주 일요일에는 함께 산에 가다'는 행동을 같이 수행하자고 권유하는 화용양태를 나타낸다. 마찬가지로 '吧'에 비해 '啊'를 선택하면 [+친근]의 뜻을 더해 준다.

④ -아(요) : 吧, 啊, 了₂

반말을 이용한 한국어 문장종결형 '-어(요)'는 공동법을 수행하면 중국어 공동 의미의 기사어기 '吧'와 '啊', '了₂'와 모두 대응이 가능하다. 예문을 들어 보자.

(51) ㄱ. 우리 모두 같이 가(요).
　　 ㄴ. (영화를 보기로 약속한 친구에게) 늦겠다, 빨리 가(요).

(52) ㄱ. 我们都{一起走吧/一起走啊/一起走了₂}。
　　 ㄴ. (对约好一起看电影的朋友说)要晚了, {快走吧/快走啊/快走了₂}。

⑤ -지 : 吧

'-지'와 '吧'는 공동문[165]의 마지막 위치에서 공동문을 끝맺는다. 공동문에서 '-지'는 공동법, '吧'는 공동 의미의 기사어기를 수행한다. 공동문에서 공동법에 사용되는 '-지'와 이에 대응되는 공동 의미의 기사어기에 사용되는 '吧'의 화용양태를 살펴본다. 다음 예문 (53)과 (54)를 보자.

(53) 모두가 떠났는데, 우리도 그만 일어서지.

(54) 大家都走了, 我们也走吧。

165　중국어에서 공동문도 기사구라고 한다. 여기의 기사는 공동을 말한다.

(53)과 (54)에서 모두가 떠났다는 근거로 화자가 '우리도 일어서다'는 권유를 제시하게 된다. 이때 화자는 앞의 근거 때문에 청자가 자신의 권유를 수용할 것이라고 어느 정도 확신하고 있다. 이 점에서는 한국어 '-지'와 중국어 '吧'가 마찬가지다. 다시 말하자면 공동문에서 공동법에 사용되는 '-지'와 이에 대응되어 공동 의미의 기사어기에 사용되는 '吧'는 모두 명제에 대한 확신적 태도를 드러내면서 이러한 확신적 명제를 청자에게 권유한다.

다만 '吧'가 사용되는 경우에 화자가 청자의 마음을 좀더 생각하면서 권유를 하게 된다. 이는 청자가 상위자인 경우에는 '吧'가 자연스럽게 사용되는 반면에 '-지'가 사용되지 못하는 사실을 통하여 확인할 수 있다. 다음 예문 (55~57)을 보자.

> (55) 학생: *교수님, 같이 가지.
>   学生: 教授, 一起去吧。(교수님, 같이 가요.)

> (56) 친구: *아, 배고파. 밥 먹으러 가지.
>   朋友: 啊, 好饿啊, 去吃饭吧。(아, 배고파. 밥 먹으러 가요.)

> (57) 선생님: 다들 갔으니 우리도 이만 일어서지.
>   老师: 大家都走了, 我们也走吧。(다들 갔으니 우리도 이만 일어서요.)

화자보다 청자가 상위자인 경우에는 (55)처럼 학생은 '-지'를 사용하지 못하는데 '吧'는 자연스럽게 사용할 수 있다. 그리고 (56)처럼 화자와 청자가 상·하위 관계가 아닌 친구 사이일 경우에는 '-지'가 사용되면 어색한데 '吧'가 사용되면 자연스럽다. 그러나 (57)에서 화자보다 청자가 하위자일 경우에는 '-지'와 '吧'가 모두 자연스럽게 사용될 수 있다. 이처럼 '-지'는 화자가 상위자일 경우에만 자연스럽게 사용되는데 '吧'는 화자가 하위자일 경우에도 자연스럽게 사용된다. 따라서 '-지'보다 '吧'는 청자를 좀더 배려하여 권유하는 태도가 드러난다고 생각된다.

요약하자면 한국어 공동법의 '-지'는 중국어 동동 의미의 기사어기 문말 어기조사 '吧'와 대응된다. 이때 '-지'와 '吧'는 모두 화자가 명제에 대한 확신적 태도, 청자에 대한 권유의 태도를 나타낸다. 다만 '-지'보다 '吧'가 청자의 마음을 좀더 배려하여 권유를 실현한다.

5.6.3.2. [제안]

공동법·기사어기가 화용양태 [제안]을 나타내는 경우는 화용양태 [권유]를 나타내는 경우보다 청자에 대한 고려가 좀더 많다고 볼 수 있다. 처음 만나거나 친하지 않은 사이에 [권유]의 문장종결형이나 문말 어기조사를 사용하여 청자의 행동을 권유하는 것보다 상대방의 의견을 존중하여 [제안]의 문장종결형 혹은 문말 어기조사를 사용하는 것이 예법에 맞다. 뿐만 아니라 문장유형의 관점에서 볼 때 공동문이나 공동 의미의 기사문을 사용하는 것보다 의문문을 이용하는 것이 나을 것이다.

한국어의 경우 화용양태 [제안]을 나타내는 문장종결형은 해체의 '-ㄹ까'와 해요체의 '-ㄹ까요'가 있다. 이에 대응하여 중국어의 경우 문말 어기조사 '吧'와 '啊'가 가능하다.[166]

    (58) 우리 차나 한잔 {할까/할까요}?

---

166 이는 의문법과 구별할 필요가 있다.

(59) 我们{喝杯茶吧/喝杯茶啊}？

의문법·의문어기를 수행하는 경우에 비해 공동법·기사어기를 수행하는 경우에 '-ㄹ까(요)'와 '吧', '啊'가 화용양태 [제안]을 나타낸다.

5.6.4. 소결

맥락 또는 상황에서 공동법·기사어기가 수행되면 화용양태 [권유]와 [제안]을 나타낸다. 공동법·기사어기는 화용양태 [권유]/[제안]과 상호작용하여 다양한 문장종결형과 문말 어기조사가 사용된다. 이때 사용되는 문장종결형과 문말 어기조사의 대응 양상, 그리고 서로 대응되는 문장종결형과 문말 어기조사의 세부적은 화용양태를 살펴보았다. 결과는 다음 <표 42>와 같이 정리할 수 있다.

〈표 42〉 공동법·기사어기의 화용양태와 실현양상

[권유]								[제안]	
[−친근]				[+친근]					
[−재촉]		[+재촉]		[−재촉]		[+재촉]			
-자 -세 -ㅂ시다 -어(요)	吧 啊	-지(요)	了₂	-세나	啊	-자꾸나	了₂啊 (啦)	-ㄹ까 -ㄹ까요	吧 啊

<표 42>와 같이 한국어 공동법과 중국어 공동 의미의 기사어기는 주로 화용양태 [권유]와 [제안]을 나타낸다. [권유]의 경우 [−친근]과 [+친근]의 차이가 있고 또한 [−재촉]과 [+재촉]의 차이가 있다.

제6장

나오기

6.1. 한·중 문말서법의 형태·통사적 대조 특성

이 책에서 한국어와 중국어의 문말서법을 대조하기 위하여 우선 한·중 문말서법의 실현요소, 즉 문장종결형과 문말 어기조사의 형태적 특성과 통사적 특성을 살펴보았다.

[1] 한·중 문말서법의 형태적 대조 특성

이 책에서 한·중 문말서법의 실현요소 어말어미와 어기조사의 형태적 대조 특성을 살펴보았다. 우선 어말어미와 어기조사는 문말서법을 수행할 때 형태적 제약을 받는다. 특히 문말서법(2)의 경우 어말어미와 어기조사는 주로 [+동작성]의 의미특성을 지니는 서술어와 결합한다는 특성이 있다. 그리고 이때 한국어의 경우에는 어말어미가 시제 요소에 결합

하지 못하고 중국어의 경우에는 어기조사가 과거 의미를 나타내는 '了₁'
에 결합하지 못한다. 이러한 형태적 제약은 어말어미와 어기조사 자체의
속성 때문이라기보다 문말서법에 주로 의존한다. 이외에 어말어미와 어
기조사의 형태적 분류와 형태적 교체에 대하여도 살펴보았다.

[2] 한·중 문말서법의 통사적 대조 특성

이 책에서 한·중 문말서법의 실현요소 문말어미와 문말 어기조사의
통사적 대조 특성을 살펴보았다. 한국어 문말어미와 중국어 문말 어기조
사는 통사적으로 여러 가지 제약을 받는 점이 비슷하다. 예를 들어 문말
서법에 따라 한국어 문말어미와 중국어 문말 어기조사는 주어 제약을
받을 때 유사하다. 그리고 통사적 기능의 측면에서 보아도 한국어 문말
어미와 중국어 문말 어기조사가 공통점과 차이점이 보인다. 한편 한국어
문말이미와 중국어 문말 어기조사는 각각의 언어에서 통사 구조의 위상
이 다르다.

6.2. 한·중 문말서법의 화용양태와 실현요소 대조 특성

한국어와 중국어에서 문말서법과 화용양태는 상호작용하는 관계를 이
룬다. 문말서법마다 일정한 화용양태를 나타내는 반면에 일정한 화용양
태를 표현하기 위하여 특정한 문말서법이 선택된다. 이와 같은 과정에서
한국어의 경우에는 문장종결형, 중국어의 경우에는 문말 어기조사가 형
태적 역할을 담당한다. 그리고 의사소통에서 맥락에 따라 각각의 문장종

결형과 문말 어기조사는 또한 다양한 화용양태를 나타낼 수 있다. 이 책에서 한·중 문말서법을 문말서법(1)과 문말서법(2)로 나누어 각각의 화용양태와 실현요소의 특성을 대조해 보았다.

[1] 한 · 중 문말서법(1)의 화용양태와 실현요소 대조 특성

한·중 문말서법(1)은 한국어와 중국어에서 화자가 명제 내용을 [+상태]의 의미특성을 지니는 정보로 판단할 때 사용되는 문말서법이다. 한·중 문말서법(1)에는 설명법·진술어기, 감탄법·감탄어기 그리고 의문법·의문어기가 있다. 이 책에서 한·중 문말서법(1)의 화용양태와 실현요소의 특성을 대조한 결과로 다음 <표 43>과 같이 정리할 수 있다.

〈표 43〉 한 · 중 문말서법(1)의 화용양태와 실현요소 대조 특성

문말서법 (1)	화용양태			실현요소	
				한국어 문장종결형	중국어 문말 어기조사
설명법/ 진술어기	[알림]	[-확신시킴]	[-강조]	-다, -네, -오, -습니다, -어(요)	Ø
			[+강조]	-ㄹ걸	-
		[+확신시킴]	[-강조]	-지(요)	的, 吧
			[+강조]	-ㄴ걸	呢, 啊
	[서술]			-다	Ø
감탄법/ 감탄어기	[처음 앎]	[-사실성]		-구나, -구먼, -구려, -군, -어(라)	啦 啊
		[-후회]			
		[-영탄]			
	[지각]	[+사실성]		-네, -어(라)	啊, 呢
		[+후회]		-ㄹ걸	啦
		[+영탄]		-노라	Ø

의문법/ 의문어기	[질문]	[+정보요청]	[+판정]		-냐, -니, -ㄴ가, -나, -오, -ㅂ니까/습니까, -어(요)	吗
			[+설명]		-냐, -니, -ㄴ가, -나, -오, -ㅂ니까, -어(요)	啊 呢
		[+정보확인]	[+판정]	[-확신]	-ㄹ래, -련	吗
				[+확신]	-지(요)	吧
			[+설명]		-지	吧
	[문제제기]	[-추정]			-ㄴ가	呢
		[+추정]			-ㄹ가	呢

[2] 한·중 문말서법(2)의 화용양태와 실현요소 대조 특성

한·중 문말서법(2)는 한·중 두 언어에서 화자가 명제 내용의 정보를
[+행동]의 정보로 인식하는 경우에 선택되는 문말서법을 말한다. 한·중
문말서법 (2)에는 약속법·진술어기, 허락법·진술어기, 경계법·진술어기,
명령법·기사어기 그리고 공동법·기사어기가 포함되어 있다. 이 책에서
한·중 문말서법(2)의 화용양태와 실현요소의 특성을 대조한 결과로 다
음 <표 44>와 같이 정리할 수 있다.

〈표 44〉 한·중 문말서법(2)의 화용양태와 실현요소 대조 특성

문말서법(2)	화용양태		실현요소	
			한국어 문장종결형	중국어 문말 어기조사
약속법/ 진술어기	[의지]	[-확신시킴]	-마, -ㅁ세	Ø
		[+확신시킴]	-	会…的
	[승낙]	[-친근]	-지(요)	吧
		[+친근]	-ㄹ게	啊

허락법/ 진술어기	[허락]	[-친근]		-려무나, -게나, -구려, -어(요)	吧, Ø
		[+친근]		-	啊
경계법/ 진술어기	[염려]	[-확신시킴]		-ㄹ라, -리, -리다, -어(요)	Ø
		[-친근]			
		[-강조]			
		[+확신시킴]		-	会…的
		[+친근]		-	会…啊
		[+강조]		-	该…$了_2$
	[경고]	[+확실성]		-(었)어(요)	$了_{1+2}$
명령법/ 기사어기	[시킴]	[-강조]		-어라, -게, -오, -어(요), -지(요), -자, -ㅂ시다, -ㄹ 것	Ø, 吧, 啊
		[+강조]		-엇/앗, -냐, -ㄴ가, -나, -니, -ㅂ니까	Ø, $了_2$, 吗
	[요청]	[-간청]		-십시오	吧
		[+간청]		-소서	啊
공동법/ 기사어기	[권유]	[-친근]	[-재촉]	-자, -세, -ㅂ시다, -어(요)	吧, 啊
			[+재촉]	-지(요)	$了_2$
		[+친근]	[-재촉]	-세나	啊
			[+재촉]	-자꾸나	啦
	[제안]			-ㄹ까, -ㄹ까요	吧, 啊

6.3. 남은 문제

이 책에서 한·중 문말서법을 체계화하고 거시적으로 한·중 문말서법의 화용양태와 실현요소를 대조적으로 살펴보는 작업이었다. 주로 넓은 체계에서 한·중 문말서법의 대조 특성을 논의하였다. 그런데 이러한 작업은 아직 부족한 점이 많이 남아 있다.

[1] 개별 문법요소(문장종결형 및 문말 어기조사)의 화용양태 세분화

이 책에서 한·중 문말서법과 화용양태가 상호작용하여 사용되는 한국어 문장종결형과 중국어 문말 어기조사의 대응 양상을 살펴보았다. 서로 대응되는 한국어 문장종결형과 중국어 문말 어기조사는 맥락에서 나타내는 화용양태의 차이에 대하여도 언급이 있었다. 그러나 개별 문장종결형과 문말 어기조사의 화용양태 세분화에 대하여 구체적으로 논의하지 못하고 있다. 그런데 한국어 문장종결형과 중국어 문말 어기조사는 나름대로 특성이 있고 의사소통에서 화자의 화행 의도 또는 화용양태를 보다 다양하게 나타낸다.

[2] 한·중 문말서법 차이의 세부적인 원인 규정

이 책에서 한·중 문말서법을 대조하여 서로의 공통점과 차이점을 밝히고자 하였다. 서로 같고 다르다는 원인에 대하여도 밝히려고 시도하였다. 그러나 그 원인을 밝히는 데에 한계가 있었다. 특히 한·중 문말서법의 실현요소, 즉 문장종결형과 문말 어기조사가 실현하는 화용양태의 차이에 대하여 명확한 원인을 규정하지 못하는 부분이 있다.

[3] 연구대상 범위의 한계

이 책에서 한·중 문말서법을 대조하기 위하여 그들의 실현요소 중의 대표적인 것들만 다뤘다. 그런데 한·중 문말서법의 실현요소는 이 책에서 다루지 못하는 것들이 다수 포함된다. 예를 들어 한국어 문장종결형

중에는 연결어미가 종결어미화된 문장종결형들이 있고 중국어 문말 어기조사 중에는 '罷了'와 '好了', '就是了' 등등의 것들이 있다. 앞으로 이 책에서 제외된 다른 문법요소에 대하여도 자세한 연구가 이루어져야 한다고 생각된다,

결과적으로 이 책에서 수행된 필자의 연구는 끝이 아니다. 좀더 깊은 연구를 위한 발판이다. 여기서 지적된 문제들에 대하여 필자는 앞으로 끊임없이 접근하여 해결할 수 있도록 시도해 볼 계획이다.

참고문헌

〈단행본〉

고영근, 『우리말의 총체서술과 문법체계』, 일지사, 1993.

고영근·구본관, 『우리말 문법론』, 집문당, 2015.

김민수, 『국어문법론연구』, 통문관, 1960.

김선호, 『현대국어의 시킴씨끝 연구』, (김승곤 엮음, 한국어의 토씨와 씨끝), 서광
　　　학술자료사, 1992.

김태엽, 『국어 종결어미의 문법』, 국학자료원, 2001.

김현철·박정구·최규발 역, 『중국어어법 연구방법론』, 차이나하우스, 2008.

남기심·고영근, 『표준국어문법론』, 박이정, 2012.

남기심·고영근, 『표준국어문법론』, 탑출판사, 1985.

남기심·고영근, 『표준국어문법론』, 탑출판사, 2002.

노대규, 『국어의 감탄문 문법』, 탑출판사, 1983.

맹주억, 『현대중국어문법』, 청년사, 1998.

박기현, 『중국어 문법론』, 인제대학교 출판부, 2011.

윤석민, 『현대국어의 문장종결법 연구』, 집문당, 2000.

이민우, 『현대 중국어 문법론』, 신아사, 2014.

이익섭·임홍빈, 『국어문법론』, 학연사, 1983.

장경희, 『현대국어의 양태범주연구』, 탑출판사, 1985.

정인승, 『표준 문법』, 계몽사, 1986.

최현배, 『우리말본』, 정음사, 1982.

허성도, 『현대 중국어 어법의 이해』, 사람과 책, 2014.

허웅, 『우리옛말본』, 샘문화사, 1975.

Li, C. N. and Thompson, S. A, 박정구 외 역, 『표준중국어문법』, 한울아카데미,
　　　2017.

Lindsay J. Whaley, 김기혁 역, 『언어 유형론: 언어의 통일성과 다양성』, 소통, 2010.

高名凯, 『汉语语法论』, 北京: 商务印书馆, 1948/1986.

黎錦熙, 『新著国语文法』, 北京 : 商务印书馆, 1924/1992.

吕叔湘, 『中国文法要略』, 北京: 商务印书馆, 1942.

卢福波, 『对外汉语教学实用语法』, 北京 : 北京语言大学出版社, 2015.

刘　复, 『中国文法通论』, 上海 : 上海书店, 1919/1990.

馬建忠, 『马氏文通』, 北京 : 商务印书馆, 1898/1983.

方　立, 『美国理论语言学研究』, 北京 : 北京语言学院出版社, 1993)

商務印書館辭書中心, 『应用汉语词典』, 北京 : 商务印书馆, 2000.

徐　杰, 『普遍语法原则与汉语语法现象』, 北京 : 北京大学出版社, 2011.

徐烈炯, 『生成语法理论』, 上海 : 上海外语教育出版社, 1988.

石定栩, 『乔姆斯基的形式句法-历史进程与最新理论』, 北京 : 北京语言文化大学出版社, 2002.

邵敬敏, 『现代汉语通论』, 上海 : 上海教育出版社, 2007.

宋国明, 『句法理论概要』, 北京 : 中国社会科学出版社, 1997.

王　力, 『中国现代语法』, 北京: 商务印书馆, 1943.

王　力, 『汉语史稿』, 北京 : 中华书局, 1957.

王尙文, 『语感论(修订本)』, 上海 : 上海教育出版社, 2000.

袁仁林, 『虚字说』, 北京 : 中华书局, 1710/1989.

钱乃荣, 『汉语语言学』, 北京 : 北京语言学院出版社, 1995.

程　工, 『语言学共性』, 上海 : 上海外语教育出版社, 1999.

齊沪揚, 『语气词与语气系统』, 安徽 : 安徽教育出版社, 2002.

齐沪扬, 『现代汉语语气成分用法词典』, 北京 : 商务印书馆, 2011.

沈阳·何元建·顾阳, 『生成语法理论与汉语语法研究』, 黑龙江 : 黑龙江教育出版社, 2001.

邢福义, 『汉语语法学』, 长春 : 东北师范大学出版社, 1997.

胡明扬, 『语言与语言学』, 北京:语文出版社, 2004, 243면.

胡裕树, 『现代汉语(重订本)』, 上海 : 上海教育出版社, 1995.

黄伯荣·廖序东, 『现代汉语(下册)』, 北京 : 高等教育出版社, 1991.

黄伯荣·廖序东, 『现代汉语』, 北京 : 高等教育出版社, 2017.

Alfred, *The Elements of English Grammar*, Toronto: Copp, Clark Co, 1986.

Austin, J. L, *How to Do Things with Words*, NewYork: Oxford University Press, 1962.

Beaugrande, R. de & Wolfgang Dressler, *Introduction to Textlinguistics*, Longman Inc, 1981.

Booth, *The Principles of English Grammar*, London: Charles Knight and Co, 1837.

Bybee. J. et al, *Modality in grammar and discourse*, Amsterdam: Benjamins, 1995.

Chomsky, N, *Syntactic Structure*, The Hague: Mouton, 1957.

Chomsky, N, *Aspects of the Theory of Syntax*, Cambridge, Mass. : MIT Press, 1965.

Chomsky, N, *A Minimalist Program for Linguistic Theory, in K.Hale & S.J.Keyser(eds.) The View from Buiding20*, Cambridge, Mass. : MIT Press, 1992.

Coates, J, *The semantics of the modal auxiliaries*, London: Croom helm, 1983.

Comrie, Benard, *Tense*, Cambridge University Press, 1985.

Fillmore, C. J, *The Case for Case: Universal in Linguistic Theory*, Holt Rinehart and Winston, 1968.

Jespersen, O, *The Philosophy of Grammar*, London: Geogre Allen & Unwin, 1924.

Kittredge&Farley, *An Advanced English Grammar: With Exercises*, Boston: Ginn and Company, 1913.

Lyons, J, *Semantics 1,2*, Cambridge University Press, 1977.

Lyons, J, *Language, Meaning and Context*, Suffolk: Richard Clay Ltd, 1981a.

Lyons, J, *Language and Linguistics*, Cambridge University Press, 1981b.

Morrison, *Advanced English Grammar for Use in Schools and Colleges*, Montana USA: Kessinger Publishing Company, 1878.

Palmer, F. R, *Semantics: A New Outline*. 2nd ed. Cambridge, Cambridge University Press, 1981.

Palmer, F. R, *Mood and Modality* (1st edition), Cambridge University Press, 1986.

Palmer, F. R, *Mood and Modality* (2ed edition), Cambridge University Press, 2001.

Sadock, J. M, *Toward a Linguistic Theory of Speech Acts*, Academic Press, 1974.

Searle, J. R, *Speech Acts*, Cambridge University Press, 1969.

Searle, J. R, *Expression and Meaning*, Cambridge University Press, 1979.

〈논문〉

강려연, 「종결어미 '-지(요)'와 중국어 어기사의 양태·화용 대조연구」, 세종대학교 석사학위논문, 2017.

고 박, 「한국어와 중국어의 원인·이유 접속문에 대한 대조 연구」, 연세대학교 석사학위논문, 2016.

고빙빙, 「한국어 종결어미의 중국어에서의 대응형식에 관한 연구」, 서울시립대학교 석사학위논문, 2015.

고영근, 「현대국어 서법체계에 대한 연구-선어말어미의 것을 중심으로」, 『국어연구』15, 1965.

고영근, 「현대국어의 선어말어미에 대한 구조적 연구-특히 배열의 차례를 중심으로」, 『어학연구』 제3권 제1호, 1967, 51~63면.

고영근, 「국어의 문형연구시론」, 『언어교육』 제1권 제2호, 1969a.

고영근, 「현대국어의 준자립형식에 대한 연구-형식명사를 중심으로」, 『어학연구』 제6권 제1호, 1970, 17~53면.

고영근, 「현대국어의 종결어미에 대한 구조적 연구」, 『어학연구』 제10권 제1호,

1974, 118~157면.

고영근, 「현대국어의 존비법에 대한 연구」, 『어학연구』 제10권 제2호, 1974, 66~91면.

고영근, 「현대국어의 어말어미에 대한 재구조 연구」, 『응용언어학』 제7권 제1호, 1975, 73~99면.

고영근, 「현대국어의 문체법에 대한 연구」, 『어학연구』 제12권 제1호, 1976, 17~53면.

고영근, 「서법과 양태의 상관관계」, 『국어학신연구』(약천김민수교수화갑기념논문집), 탑출판사, 1986, 249~265면.

공지영, 「중국인 학습자를 위한 한국어 종결어미 교육 방안 연구」, 중앙대학교 석사학위논문, 2014.

구종남, 「어미 '-어'의 성격과 기능」, 『한민족어문』63, 2013, 5~40면.

구종남, 「융합형 종결어미 '-다니까'의 의미와 문법화」, 『한족어문학회』85, 2019, 81~115면.

기문연, 「중국인 학습자를 위한 한국어 어미 교육 연구」, 신하대학교 박사학위논문, 2016.

김건희, 「시간 관련 범주(시제, 상, 양태)의 문법 교육」, 『한글학회』294, 2011, 161~198면.

심지연, 「중국어권 한국어 학습자의 연결어미와 종결어미 '-거든'의 사용과 이에 대한 한국어 모어 화자의 반응 연구」, 이화여자대학교 석사학위논문, 2019.

김태엽, 「국어 종결어미화의 문법화 양상」, 『語文硏究』33, 2000, 47~46면.

목지선, 「구어 입말의 비격실적 종결어미 연구」, 경상대학교 박사학위논문, 2015.

무호민, 「한국어 의향법과 중국어 어기체계의 대조 분석」, 연세대학교 석사학위논문, 2013.

문병열, 「문법 요소의 의미 기술을 위한 통계 기법 연구 시론-군집 분석을 중심으로」, 『언어와 정보 사회』33, 2018, 219~249면.

문병열, 「연결어미 상당 구성의 유형 분류」, 『어문학』139, 2018, 83~112면.

문병열, 「한국어 조사 상당 구성에 대한 연구 : 조사+용언 활용형의 경우」, 서울대학교 박사학위논문, 2015.

문병열, 「한국어의 보문 구성 양태 표현에 대한 연구」, 서울대학교 석사학위논문, 2007.

민경모, 「서법(mood) 구현 형식에 대한 일고찰-서법 범주의 수용과 전개를 중심
    으로」, 『한국학논집』40, 2010, 417~451면.

박재연, 「'주어 지향적 양태'와 관련한 몇 문제」, 『한국어학』44, 2009, 1~25면.

박재연, 「국어 양태 범주의 확립과 어미의 의미 기술」, 『국어학』34, 1999, 199~
    225면.

박재연, 「국어 양태의 화·청자 지향성과 주어 지향성」, 『국어학』41, 2003, 249~
    275면.

박재연, 「한국어 양태 어미 연구」, 서울대학교 박사학위논문, 2004.

박진호, 「시제, 상, 양태」, 『국어학회』60, 2011, 289~322면.

서 뢰, 「한국어와 중국어의 서법에 관한 대조 연구」, 연세대하교 석사학위논문,
    2018.

서태룡, 「국어의 명령형에 대하여」, 『국어학』14, 1985.

서태룡, 「정동사어미의 형태론」, 『진단학보』60, 1985.

소 남, 「한·중 의문문 대비 및 교육 방안 연구」, 건국대학교 석사학위논문, 2014.

손설봉·김정남, 「한·중 문장 종결 유형 대조 분석 연구-한국어 종결어미와 중국어
    어기사 대조를 중심으로」, 『한국어 의미학』59, 2018, 109~130면.

손옥현, 「한국어교육을 위한 종결기능 연결어미 양상 연구」, 경희대학교 석사학위
    논문, 2009.

엄정호, 「종결어미와 보조동사의 통합구문에 대한 연구」, 성균관대학교 박사학위
    논문, 1990.

엄주현, 「통신언어 종결어미의 형태변이 연구」, 인천대학교 석사학위논문, 2007.

역소란, 「중국어권 한국어 학습자를 위한 종결어미 '-지(요)'와 '-네(요)'의 연구」,
    충남대학교 석사학위논문, 2019.

오옥교, 「한국어 문장종결형 '-지'와 중국어 어기조사 '吧(ba)'에 대한 의미화용적
    기능 비교 연구」, 『건지인문학』24, 2019, 247~274면.

왕 정, 「중국인 학습자를 위한 의문문 교육 연구-의사소통 기능을 중심으로」, 인
    하대학교 박사학위논문, 2014.

왕 주, 「중국인 학습자를 위한 종결어미의 서법적 의미 교육 방안 연구」, 인하대
    학교 석사학위논문, 2019.

왕 파, 「한국어와 중국어의 시제와 상 대조 연구-인지언어학적 관점으로」, 고려

대학교 박사학위논문, 2014.

왕위령, 「한·중 의문문에 대한 비교 연구」, 『문법 교육』12, 2010, 299~319면.

왕현풍, 「중국인 학습자를 위한 한국어 경어법 교육 방안 연구」, 전남대학교 석사학위논문, 2014.

유 나, 「한국어와 중국어의 의무양태·증거양태에 대한 비교 연구」, 단국대학교 석사학위논문, 2013.

유승국, 「현대국어의 문형에 관한 연구」, 중앙대학교 박사학위논문, 2001.

유화정, 「연결어미가 문법화된 종결어미에 대한 연구」, 경상대학교 석사학위논문, 2012.

윤보경, 「연결어미 '-려고'의 종결어미화 연구」, 한양대학교 석사학위논문, 2017.

윤석민, 「RST와 국어의 텍스트 분석」, 『텍스트언어학』1, 1994.

윤석민, 「국어의 텍스트 언어학적 연구 시론」, 서울대학교 석사학위논문, 1989.

윤석민, 「문장종결법 재고-문장종결법의 범주적 특성과 종류」, 『한국어학』46, 2010, 47~80면.

윤석민, 「서사텍스트의 텍스트유형론적 특성과 분석-이론과 적용」, 『국어교육』136, 2011, 67~105면.

윤석민, 「텍스트언어학과 문학작품 분석」, 『한국어학』25, 2004, 53~87면.

윤석민, 「현대국어 문장종결법 연구」, 서울대학교 박사학위논문, 1996.

이 훈, 「국어 교착소 체계의 특성 연구」, 중앙대학교 박사학위논문, 2004.

이래호, 「'말이다' 구문의 통사적 특징과 재구조화」, 『국어문학』44, 2008, 139~156면.

이래호, 「근대국어 하라체 의문형 어미에 대한 연구-언간 자료를 중심으로」, 『한국언어문학』102, 2017, 117~142면.

이래호, 「한국어 교재에서 제약 중심의 연결어미 기술의 방향과 그 교육에 대한 연구」, 『언어학연구』31, 2014, 201~226면.

이래호, 「한국어 교재의 한국어 문법 용어에 대한 중국어 번역어 고찰」, 『건지인문학』17, 2016, 175~203면.

이래호, 「선어말 어미 '-시-'의 청자 존재 기능에 대한 고찰」, 『언어학연구』23, 2012, 147-166면.

이목자, 「한국어 교육을 위한 종결어미화된 연결어미 연구」, 한양대학교 박사학위논문, 2019.

이종희, 「국어 종결어미의 의미 체계 연구」, 연세대학교 박사학위논문, 2004.

이준영, 「현대 한국어 종지형 어미의 연구-의문형, 명령형, 청유형 어미를 중심으로」, 『건국어문학』11·12, 1987, 101~128면.

이지연, 「한국어 양태 표현 연구-유사 문법 항목 비교를 중심으로」, 연세대학교 박사학위논문, 2018.

임　나, 「한국어와 중국어의 요청화행 대조 연구」, 한남대학교 박사학위논문, 2019.

임동훈, 「국어 양태 체계의 정립을 위하여」, 『한국어 의미학』12, 2003, 127~153면.

임동훈, 「한국어의 문장 유형과 용법」, 『국어학』73, 2011, 335~373면.

임동훈, 「한국어의 서법과 양태 체계」, 『한국어 의미학』26, 2008, 211~249면.

임홍빈, 「문종결의 논리와 수행-억양」, 『외국어로서의 한국어교육』9, 1984.

임효진, 「해라체 종결어미 {-다}의 담화 맥락 분석 연구」, 연세대학교 석사학위논문, 2017.

장　염, 「드라마 대본에 나타난 문장 종결법 연구-<상속자들>과 <아빠 셋 엄마 하나>를 중심으로」, 세명대학교 석사학위논문, 2017.

장경현, 「국어 문장종결부의 문체 특성 연구」, 서울대학교 박사학위논문, 2006.

장박함, 「한·중 인식 양태 표현 비교연구」, 한국교원대학교 석사학위논문, 2016.

장해진, 「한국어 연결어미의 종결 기능에 대한 연구」, 중앙대학교 석사학위논문, 2014.

장혜청, 「한·중 문장 종결 표현에 대한 연구」, 경남대학교 석사학위논문, 2013.

전영진, 「국어 연결어미의 종결어미화 연구」, 경성대학교 석사학위논문, 2001.

정명숙, 「현대중국어 어기조사의 화용론적 의미 분석-了, 的, 呢, 吧, 吗, 啊를 중심으로」, 고려대학교 박사학위논문, 2008.

정효문, 「한국어 종결어미 '-던걸, -(으)ㄴ/는걸, -(으)ㄹ걸'에 대한 연구」, 동국대학교 석사학위논문, 2013.

조가근, 「한국어 종결어미 '-구나', '-군'의 중국어 대응 양상 연구」, 동국대학교 석사학위논문, 2019.

조민하, 「연결어미의 종결기능과 억양의 역할」, 고려대학교 박사학위논문, 2011.

주　림, 「한국어와 중국어의 양태 표현 대조 연구」, 건국대학교 박사학위논문, 2014.

진　설, 「중국인 한국어 학습자를 위한 의문형 종결어미 교육방안」, 전남대학교 석사학위논문, 2016.

채현식, 「은유표현의 해석과 유추: 심리과정을 중심으로」, 『한말연구』19, 2006, 377~397면.

채현식, 「정보의 처리와 표상의 측면에서 본 괄호매김역설」, 『한국언어문학』74, 2010, 147~169면.

채현식, 「한국어 의미학 56집에 대한 총평」, 『한국어 의미학』57, 2017, 213~222면.

최경화, 「종결어미와 된 연결어미에 대한 연구」, 숭실대학교 석사학위논문, 2012.

최열형, 「한국어 의문형 종결어미와 중국어 의문형 어기(語氣)조사의 대조 연구」, 건국대학교 석사학위논문, 2018.

최은영, 「탈연결어미에 대한 연구」, 단국대학교 석사학위논문, 2016.

최호철, 「현대 국어 조사, 어미의 분류 재고」, 『언어와 정보 사회』23, 2014, 295~329면.

탕이잉, 「중국인 학습자를 위한 한국어 의지 표현 교육 방안 연구」, 부산대학교 석사학위논문, 2018.

펑 시, 「한국어·중국어 감탄 표현의 대비 연구」, 단국대학교 석사학위논문, 2014.

필숙나, 「한·중 서법표현에 대한 대조 연구」, 명지대학교 석사학위논문. 2012.

한미월, 「한국어 구어 교육을 위한 종결 기능 연결어미 연구」, 이화여자대학교 석사학위논문, 2016.

안시아, 「한·중 부정표현(否定表現) 대조 연구」, 전북대학교 석사학위논문, 2015.

현효정, 「중국인 학습자의 한국어 종결기능 연결어미 억양에 대한 실험음성학적 연구」, 한양대학교 석사학위논문, 2013.

황정인, 「개화기국어 종결어미 연구」, 서강대학교 석사학위논문, 2012.

Stubbs, M, 송영주 역, 『담화분석』, 서울: 한국문화사, 1993.

ZHANG YUJIAO, 「한·중 명령문의 대조 연구」, 경희대학교 석사학위논문, 2014.

贺 阳, 「试论汉语书面语的语气系统」, 『中国人民大学学报』5, 1992, 59~66면.

胡建华·潘海华, 「指称性、离散性与集合;孤岛中的疑问句研究」, 中国语文杂志社 编, 『语法研究和探索：十二』, 北京:商务印书馆, 309~316쪽, 2003.

胡明扬, 「北京话的语气助词和叹词」, 『中国语文』5, 1981a, 347~350면.

胡明扬, 「北京话的语气助词和叹词」, 『中国语文』6, 1981b.

胡明扬, 「语气助词的语气意义」, 『汉语学』, 1988.

胡明扬·劲松,「流水句初探」,『语言教学与研究』, 42~54쪽, 1989.

金智妍,「现代汉语句末语气词意义研究」, 复旦大学中文系博士学位论文, 2011.

陆俭明,「关于现代汉语里的疑问语气词」,『中国语文』, 1984.

汤廷池,「汉语的特点与语言的普遍性」,『缀玉二集』, 北京：北京大学出版社, 1977.

徐　林,「第二届『国外语言学』编辑工作研讨会纪要」,『国外语言学』1, 1989.

薛　兵,「语法与语用互动关系研究: 以汉语时态、语态、语气为证」, 东北师范大学博士学位论文, 2018.

张绍杰·薛兵,「汉语语态连续统一——基于语法-语用互动视角」,『浙江外国语学院学报』1, 2018, 17~24면.

张豫峰,「英语语态观与现代汉语语态研究」,『学术研究』8, 2014, 152~158면.

赵春利·时定栩,「语气、情态与句子功能类型」,『外语教学与研究』4, 2011.

荀恩東·饶高琦·肖晓悦·臧娇娇,「大数据背景下BCC语料库的研制」,『语料库语言学』3-1, 2016, 93~109면.

Nuyts, J, "Epistemic modality, language, and conceptualization", John Benjamins Publishing company, 2001.

Lee, "The Category of Mood in Korean Transformational Grammar",『어학연구』제7권 제1호, 1971.

〈사전〉

『표준국어대사전』, 국립국어원, 2019. (stdict.korean.go.kr)

≪现代汉语词典(第7版)≫, 商务印书馆, 2018.

오옥교吳玉嬌

중국 산동사범대학교(山東師範大學校, Shandong Normal University) 한국어학과 학부를 졸업하고 한국 전북대학교(全北大學校, Jeonbuk National University) 인문대학 국어국문학과 대학원에서 문학석사와 문학박사 학위를 받았다. 현재 중국 북경외국어대학교 아시아대학 한국어학과에서 박사후 연구원으로 재직하고 있다. 논문으로는 「한국어 문장종결형 '-지'와 중국어 어기조사 '吧(ba)'에 대한 의미화용적 기능 비교 연구」, 「한·중 인칭접미사 소고: '-가(家)'와 '-家(jiā/jia)'를 중심으로」, 「中韓人稱後綴對比研究: 以詞根的形態學特徵爲中心」, 「日本操弄下的朝鮮半島近代中, 日形象建構: 以朝鮮半島首份近代報紙『漢城旬報』爲中心」 등이 있다.

한·중 문말서법 대조 연구

초판 1쇄 인쇄 2023년 6월 2일
초판 1쇄 발행 2023년 6월 16일

지 은 이 오옥교(吳玉嬌)
펴 낸 이 이대현
펴 낸 곳 도서출판 역락

책임편집 임애정
편   집 이태곤 권분옥 강윤경
디 자 인 안혜진 최선주 이경진
마 케 팅 박태훈

펴 낸 곳 도서출판 역락 / 서울시 서초구 동광로46길 6-6 문창빌딩 2층(우-06589)
전   화 02-3409-2058 FAX 02-3409-2059
이 메 일 youkrack@hanmail.net
홈페이지 www.youkrackbooks.com
등   록 1999년 4월 19일 제303-2002-000014호

ISBN 979-11-6742-546-1 93710

字數 169,515字